Como não ser um
MALA!

Preencha a **ficha de cadastro** no final deste livro
e receba gratuitamente informações
sobre os lançamentos e as promoções da
Editora Campus/Elsevier.

Consulte também nosso catálogo
completo e últimos lançamentos em
www.campus.com.br

Mark Stevens

Como não ser um MALA!

Tradução
Alessandra Mussi Araujo

Do original:
Your management sucks
Tradução autorizada do idioma inglês da edição publicada por Crown Business
Publicado por acordo com Crown Business – Random House, Inc.
Copyright © 2006 by Mark Stevens

© 2006, Elsevier Editora Ltda.

Todos os direitos reservados e protegidos pela Lei 9.610 de 19/02/1998.
Nenhuma parte deste livro, sem autorização prévia por escrito da editora, poderá ser reproduzida ou transmitida sejam quais forem os meios empregados: eletrônicos, mecânicos, fotográficos, gravação ou quaisquer outros.

Copidesque: Shirley Lima da Silva Braz
Editoração Eletrônica: Estúdio Castellani
Revisão Gráfica: Edna Cavalcanti e Roberta Borges

Elsevier Editora Ltda.
A Qualidade da Informação.
Rua Sete de Setembro, 111 – 16º andar
20050-006 Rio de Janeiro RJ Brasil
Telefone: (21) 3970-9300 FAX: (21) 2507-1991
E-mail: *info@elsevier.com.br*
Escritório São Paulo:
Rua Quintana, 753/8º andar
04569-011 Brooklin São Paulo SP
Tel.: (11) 5105-8555

ISBN 13: 978-85-1991-3
ISBN 10: 85-352-1991-9
Edição original: ISBN 13: 978-1-4000-5493-0
ISBN 13: 1-4000-5493-1

Nota: Muito zelo e técnica foram empregados na edição desta obra. No entanto, podem ocorrer erros de digitação, impressão ou dúvida conceitual. Em qualquer das hipóteses, solicitamos a comunicação à nossa Central de Atendimento, para que possamos esclarecer ou encaminhar a questão.

Nem a editora nem o autor assumem qualquer responsabilidade por eventuais danos ou perdas a pessoas ou bens, originados do uso desta publicação.

Central de atendimento
Tel.: 0800-265340
Rua Sete de Setembro, 111, 16º andar – Centro – Rio de Janeiro
e-mail: *info@elsevier.com.br*
site: *www.campus.com.br*

CIP-Brasil. Catalogação-na-fonte.
Sindicato Nacional dos Editores de Livros, RJ

S867c

    Stevens, Mark, 1947-
        Como não ser um mala! : o seu estilo pessoal e de gestão só estão atrapalhando / Mark Stevens ; tradução Alessandra Mussi Araujo. – Rio de Janeiro : Elsevier, 2006

        Tradução de: Your management sucks
        ISBN 85-352-1991-9

        1. Administração. I. Título.

06-2136.   CDD 658
                                                        CDU 65

Todos nós temos duas escolhas:

ACEITAR QUEM SOMOS E ONDE ESTAMOS NA VIDA

ou

**LUTAR PARA SER QUEM PODEMOS SER
E CHEGAR AONDE ISSO PODE NOS LEVAR.**

—MARK STEVENS

Sobre o autor

MARK STEVENS é CEO da MSCO (www.msco.com) e um dos principais especialistas dos Estados Unidos em marketing baseado em ROI (retorno sobre o investimento). Também é o criador dos processos de *Extreme Marketing* e Guerra Empresarial. Stevens é empreendedor, consultor e formador de empresas, além de autor de livros de destaque como *Seu Marketing é uma B...*, *The Big Eight*, *Sudden Death: The Rise and Fall of E.F. Hutton*, *Gestão Radical* e *King Icahn: The Biography of a Renegade Capitalist*.

Sumário

	Introdução *Uma obra inacabada: Por que você deve cair fora da prosaica Terra dos Negócios*	1
1	Liberando o poder de uma filosofia pessoal	19
2	Desafiando o oximoro da sabedoria convencional	39
3	Dê uma boa olhada no espelho... Você vê um líder?	65
4	Desenvolva sua arma secreta pessoal	101
5	Desenvolvendo seu Projeto Manhattan O plano que mudará o mundo... e sua vida	127
6	Capturando idéias com um pega-borboletas	141
7	Aplicando C+F+M: A equação universal para o crescimento eterno	165
8	A jornada interior	187
	Notas	191
	Índice	193

Introdução

*Uma obra inacabada:
Por que você deve cair
fora da prosaica
Terra dos Negócios*

Antes que você me mande cair fora

Quando você pegou este livro e deu uma olhada na capa, talvez tenha pensado:

Stevens está louco? De onde ele tirou a infeliz idéia de dizer o que devo fazer para não ser um mala? Ele nem me conhece, nem ao menos sabe como eu me saio como gerente. Além do mais, ele quer que eu declare guerra a mim mesmo. De que raios trata este livro?

Trata de algo simples e profundo. E se você agüentar firme, verá que é uma coisa importantíssima para seu sucesso profissional. Permita-me colocar a idéia num contexto pessoal por um instante.

Ninguém precisa me mandar "dar o fora". Digo isso a mim mesmo o tempo todo. Não como uma represália, mas como uma recompensa. Como um lembrete de que, muitas vezes, o que parece ser o centro da ação nos negócios – e na vida de alguém – não passa de um *sideshow* (coadjuvante). Uma distração. É de importância vital sempre voltar para onde a verdadeira ação acontece.

O que quero dizer com isso e o que isso tem a ver com "dar o fora"? Minha empresa, a MSCO, foi fundada com base em uma idéia. Ao longo do tempo, a idéia evoluiu, cresceu de tamanho e escopo e fundiu-se a novos conceitos. À medida que passei a oferecer essa concepção mais ampla ao mercado, minha empresa começou a crescer. Não que esse crescimento estivesse perfeitamente alinhado e sincronizado com o poder de fogo intelectual que o impulsionava. Longe disso. Houve inúmeros ajustes e reinícios, períodos de estagnação e momentos em que as idéias eram maiores e melhores do que a empresa. E vice-versa. Por instinto, compreendi que esse desequilíbrio integra o processo de construção de uma empresa e, do mesmo modo como meu amor de pai às vezes atrapalha minhas habilidades paternas, se eu continuasse me empenhando para aperfeiçoar o modelo de Mark Stevens e sua empresa, os elementos acabariam convergindo e produzindo o avanço que eu buscava.

Devo confessar que houve momentos em que tudo parecia estar nos eixos. Quando as idéias e os negócios estavam em harmonia. Como um não tinha de alcançar o outro, meu mundo parecia estar em ordem, em paz. Eu conseguia relaxar. A vida era uma beleza.

Bem, sim e não. Felizmente, minha antena alertou-me de que a aparente calmaria era, na verdade, um prelúdio de complacência. Nenhuma empresa jamais cresceu no longo prazo ao permitir que idéias e execução permanecessem em harmonia. Assim como gerente algum jamais se desenvolveu buscando a tranqüilidade e deleitando-se com ela. Tal harmonia seria como viver num conto de fadas, mas não permitiria o atrito do qual surgem as grandes descobertas.

Pense nos patriarcas dos Estados Unidos: Jefferson, Franklin, Adams. Esses precursores sempre geravam mais idéias do que conseguiam colocar em prática. Mas eles continuavam avançando, pensando, sonhando e inventando. Muito embora nem todas as suas idéias tenham se tornado produtos tangíveis, elas nos proporcionaram excelentes universidades, expedições corajosas, experimentos revolucionários, declarações iluminadas, uma Constituição extraordinária e a república mais duradoura do mundo.

Do meu próprio jeito bem mais simples, reconheço que não pude parar de desenvolver novas idéias que forçariam minha empresa a "correr atrás" o tempo todo. No processo, passei pela verdadeira batalha diária de reuniões com funcionários, visitas a clientes, participação em *conference calls* e viagens no vôo noturno para Los Angeles –

 Terra dos Negócios, como de costume. O lugar onde você fica o tempo todo ocupado em executar para inovar. Sabia que tinha de cair fora. Precisava dar no pé. Sumir de vez.

Então, saí numa aventura em Ward Pound Ridge Reservation, uma reserva selvagem, a cerca de 8km de minha casa. Não tinha uma alma viva lá. Somente eu, meu cachorro e meu Palmtop (que agora foi promovido a BlackBerry, um misto de telefone e computador de mão). Eu andava e pensava. Sentei-me sob um carvalho e fiquei pensando. Era verão, mergulhei meus pés num riacho e fiquei pensando. A única regra é que eu não pensasse em nada estratégico. Então, pensei em novas idéias. Novos componentes de minha filosofia. Talvez uma filosofia totalmente nova. Tudo está aberto para exploração. Para uma nova reflexão. Há mais de uma década, vou a Ward Pound para me reinventar. Para crescer. Para desenvolver a concepção de uma empresa ainda melhor. De uma vida ainda mais rica. Alguns anos atrás, ouvi a maravilhosa história de como Edwin

Land ficou impressionado com o brainstorm para a invenção da fotografia instantânea. Andando por uma rua de Cambridge, Massachusetts, de repente o Dr. Land viu os grandes olhos de sua filha olhando para ele: "Pai, por que não podemos ver a foto assim que a tiramos?"

Tão logo percebeu que estava prestes a dar uma explicação baseada no velho senso comum, Land refletiu um instante e perguntou a si mesmo: "E por que não?"

Até esse fato inesperado em sua vida, Land pensava no laboratório como o centro da ação. Mas, nesse dia mágico, reconheceu que o laboratório não chegava aos pés de um passeio ao sol ao lado de sua filha. Essa foi a escapada de Land. E você? Tem alguma? Um meio de extravasar a avalanche de obrigações diárias e entrar em contato com o poder das idéias. Seja qual for seu "refúgio", ele pode ser o ponto de partida da estratégia para administrar sua vida pessoal e profissional. Sem ele, você talvez fique ocupado demais fazendo o quê? Indo aonde? Este livro o ajudará a encontrar as respostas a essas perguntas.

Ao longo da vida, enquanto desenvolvemos uma carreira ou tocamos uma empresa, deparamo-nos com a opção de fazer o que vem naturalmente **ou** conduzir a nós mesmos rumo a um patamar mais alto. Buscando o aperfeiçoamento contínuo. Não parando de avaliar cada aspecto do que você faz e de como faz, com a determinação de melhorar cada vez mais.

Isso significa declarar guerra contra si mesmo. Uma guerra construtiva, é claro, mas, ainda assim, uma guerra. Pessoas passivas – sempre prontas a se aceitar do jeito que são, sem ambição, vontade, paixão e convicção tipo "pé na tábua" para melhorarem – dão a impressão de gozar de certo conforto pessoal, mas são sempre ultrapassadas por aqueles que, por viverem em busca de recompensas maiores, melhores e mais instigantes, rejeitam o que são e almejam o que podem ser.

Isso é especialmente aplicável aos gestores (ou aspirantes a cargos de liderança). Sejam de uma empresa, departamento ou unidade de negócios. Seja você um profissional recém-contratado ou um experiente executivo sênior, a necessidade de declarar guerra contra si mesmo estará sempre presente. Isso significa nunca aceitar as coisas como elas são. Ao contrário, é preciso procurar aprender mais, pensar de modo mais criativo, buscar a inovação e exigir excelência em tudo aquilo de que você participa direta ou indiretamente.

Gestores excepcionais não se superam exclusivamente por causa de seu DNA. Ao longo de minha carreira, tive o privilégio de conhecer e trabalhar com vários profissionais desse naipe que, sem exceção, são pessoas extraordinariamente diferentes, com *backgrounds* distintos, e que atuam em diversos setores. Entretanto, todas têm uma característica em comum: uma determinação incansável de se aperfeiçoar e (quer por osmose quer por ação direta) aprimorar os que se reportam a elas.

Essa é uma incrível dinâmica de trabalho. Qualquer um que tenha sucesso como gestor, homem de negócios ou líder, vê a vida como uma obra inacabada. Em vez de aceitar quem ou o que são como produto acabado, congelado pela genética ou pelo destino, continuam buscando alcançar um patamar mais elevado em termos de conhecimento, experiência, talento e, por fim, desempenho. Na prática, pessoas bem-sucedidas trocam o próprio "eu" pelo modelo do que é capaz de inspirar seu crescimento pessoal.

Todos respeitamos o jovem atleta que treina dia e noite para atingir os níveis mais altos de realização profissional. Jimmy Connors fica na quadra até que a escuridão da noite o impeça de enxergar direito. Tiger Woods pratica exaustivamente até alcançar o panteão da excelência no golfe e ajustar sua determinação na potência máxima para se tornar um Tiger melhor depois de atingir cada novo patamar. O campeão repete esse processo tantas vezes que hoje acredita ter um potencial ilimitado. Os passivos que nos rodeiam costumam dizer que "devemos nos sentir bem na própria pele", mas o sujeito verdadeiramente bem-sucedido rejeita isso e vai trocando de pele em sua jornada rumo a uma forma constantemente aperfeiçoada de si mesmo. Passam a vida inteira declarando uma guerra construtiva, cientes de que esse é o caminho para o desempenho extraordinário e o ônus do sucesso almejado.

Alguns anos atrás, tive um encontro a sós com Bill Gates no campus da Microsoft. De todas as impressões que guardei daquele dia, nenhuma é mais indelével do que o compromisso eterno de Gates de declarar guerra contra si mesmo.

BILL GATES: Às vezes, perco o sono pensando num garoto em uma garagem, louco para criar a próxima Microsoft... doido para ser o próximo Bill Gates. Não há um dia sequer em que eu me sinta seguro e impérvio aos concorrentes. A única maneira de fazer com que esta empresa continue prevalecendo é torná-la cada vez mais esperta. Exponencialmente mais esperta.

Como CEO da Microsoft, o mesmo princípio se aplica a mim.

Quando as pessoas me perguntam se me considero esperto, minha resposta é: "Não o suficiente." O mundo continua avançando e preciso estar à frente das inovações. Do modo como vejo as coisas, não há um minuto sequer a perder. Sabe aqueles segundos inúteis do momento em que saímos do carro até entrar em casa? Decidi torná-los um tempo produtivo. Organizei um material educativo nas paredes da garagem. Agora mesmo, há um mapa da África pendurado lá. Em vez de ficar olhando para o espaço, dou uma olhada no mapa enquanto ando da porta do carro até a porta de casa. Dia após dia, uma parte do mundo que não conheço bem vai desaparecendo e quando eu sentir que conheço bastante sobre a geografia da África, colocarei outra coisa na parede.

Líderes geniais nunca param de aprender. Nunca param de buscar serem melhores hoje do que foram ontem. Nunca se cansam de aprender mais. De revelar mistérios. De preencher lacunas. Esse é o jeito que encontram de declarar uma guerra construtiva a si mesmos. Eles sabem que, caso venham a se tornar complacentes, algum gatuno poderá passar-lhes uma rasteira.

Durante anos, o ex-CEO do Citigroup, Sandy Weill, manteve uma placa em seu escritório:

O CHEFE NÃO ESTÁ FELIZ

Esse era o jeito despachado de Sandy de dizer: "Enquanto eu comandar este lugar, iremos declarar guerra no trabalho todos os dias."

Lembro-me de umas férias que tirei com minha esposa no Cap Juluca Resort, na ilha de Anguilla. Por um acaso, o dono do resort, Dion Friedland, também estava no hotel naquele período. O simpático sul-africano nos brindou com suas histórias dos anos em que viveu em Johannesburgo, quando fez fortuna transformando as filiais da Dion na maior rede de lojas de desconto da África do Sul.

Na época, quando o faturamento anual da empresa de Friedland girava em torno de US$200 milhões e o Wal-Mart contava com vendas anuais de vários bilhões de dólares, a Dion recebeu uma carta de Sam Walton, fundador do Wal-Mart, perguntando se poderia fazer-lhe uma visita para aprender seu *segredo do sucesso*.

"Fiquei pasmo!" Lá estava o rei do varejo de desconto querendo *aprender* com um cara que construiu uma empresa equivalente a uma pequena fatia do Wal-Mart. Mas, para Walton, ele estava apenas seguindo uma das regras mais elementares da administração prudente e esclarecida: sempre que você puder aprender com alguém, seja onde for, aproveite a oportunidade. Para Sam, todo dia era o dia certo de declarar uma guerra construtiva contra si mesmo. Era sempre oportuno tornar-se um Sam Walton mais inteligente, mais sábio e de mente mais aberta do que o da véspera.

Dion Friedland lembra-se da visita como se fosse ontem.

Walton chegou a Johannesburgo com um palmtop e um gravador, e ficou um tempo caminhando e entrevistando meus funcionários, clientes e a mim mesmo. Ele era o maior varejista que jamais existiu e sua missão era aprender, tornar-se um empresário melhor, preparando-se para o sucesso como se fosse um universitário em um processo seletivo para o primeiro emprego. Se houvesse um meio para acordar a cada dia como um Sam Walton aperfeiçoado, ele iria encontrá-lo. Sempre chamei Sam Walton de o melhor "esmiuçador de idéias" que já existiu. Sam não era o melhor inovador e certamente não era o varejista mais criativo que conheci. Mas tinha uma habilidade especial para reunir as melhores idéias, levá-las para a empresa e depois implementá-las e executá-las melhor do que ninguém.

Sou tão entusiasmado quanto à necessidade, ao benefício e à força de se declarar uma guerra construtiva que fiz isso a mim mesmo, à minha empresa, bem como a meus funcionários e clientes. Contarei a história inteira depois, mas posso adiantar que fiz mais do que uma reorganização corporativa comum. Foi uma mudança drástica em mim e na empresa – um episódio desafiador, difícil e estimulante, que mudou minha vida. Um acontecimento que eu poderia ter evitado facilmente. Algo que optei por enfrentar porque via a mim e minha empresa como uma obra inacabada, tinha de agir de maneira decisiva e precisava muito alcançar meu objetivo. Duro? Sim. Difícil? Sim. Complexo? Sim. Muito arriscado? Sim. Mas o sucesso exige que você enfrente tudo isso de maneira estóica, que siga em frente, ciente de que o que almejamos nunca é fácil, certeiro ou seguro. Agradeço todo dia por ter assumido o risco e aceitado o desafio. E por continuar a agir assim até hoje.

Isso não é papo furado; é o cerne da equação risco-e-recompensa que impulsiona a excelência. Todo mundo fala sobre desenvolver uma empresa ou gerenciar uma unidade de negócios. Nutri-la. Guiá-la. O cuidado e o alimento corporativo. E toda essa conversa fiada, prolixa e entediante. Tudo isso graças àquela baboseira toda que se aprende nas faculdades de administração. Noventa por cento disso tudo não passa de conversa. Mensagens otimistas que levam aos "high fives" (cumprimentos em que as pessoas batem as mãos espalmadas no ar), à euforia e ao blablablá corporativo, mas que não conduzem a crescimento algum.

Por que esse padrão é tão comum? Tão frustrante? Tão caro e improdutivo? Porque há dois obstáculos que se sobrepõem no caminho do crescimento de sua empresa/unidade de negócios/departamento. Eles são capazes de obstruir sua linha reta rumo à excelência gerencial:

1. Nem você, nem ninguém na empresa, tem uma estratégia convincente (não me venha falar da declaração de missão. Ela não passa de um quadro na parede).

Observe que eu disse estratégia convincente. Você pode trabalhar com afinco, desejar muito e até ter um plano detalhado em uma colorida apresentação em PowerPoint, mas é possível que ele não identifique com força e precisão como você poderá explorar oportunidades e aumentar a lucratividade.

Seu plano é um documento, e documentos não impulsionam o crescimento.

2. **S**ua equipe gosta de permanecer nos padrões de seu trono de conforto.

Sim, *trono*. Como você não conta com uma estratégia dinâmica e convincente para o crescimento, seus subordinados (seja um ou cem mil) talvez percam o foco. Nesse ambiente, eles acabam se concentrando excessivamente em proteger o que possuem (cargo, poder, autoridade, um posto na hierarquia), em vez de buscar novas oportunidades e demonstrar que podem superar-se.

É um trono porque o gerente que não consegue criar o senso de urgência, de oportunidade, de crescimento e de avanço contínuos cria um senso de direitos adquiridos entre os funcionários.

O emprego é deles *e pronto* – alto desempenho é outra coisa, acreditam eles.

Nos casos mais graves, os funcionários chegam a acreditar que recebem o salário pela *intervenção divina*. Haja crescimento ou não, o contracheque está garantido (ei, o capitalismo é realmente um programa de titularidade privada, não é mesmo?).

Se você ocupa um cargo de gerência há algum tempo, deve ter tido os sintomas desse mal-estar. Costumo ouvir gestores reclamarem: "Não consigo fazer com que esse pessoal faça o que tem de fazer. Essa gente estabelece suas próprias prioridades, droga!" Espere um pouco. "Essa gente" pode ser o departamento de TI, o pessoal de vendas ou uma renegada equipe de RH, mas, seja lá quem for, não pode ter objetivos próprios. Não até que um gerente sofrível permita isso. Cada cadeia de comando tem um chefe, e ele é quem deve definir os objetivos. Simples, certo? Em tese sim, mas não na prática. É por isso que tantas empresas têm bandos de "foras-da-lei" fazendo o que lhes dá na telha, mesmo que isso vá de encontro às diretivas da administração.

Num caso clássico, o CEO de uma empresa de biotecnologia com sede em Israel reclamou sobre as dificuldades que enfrentava (a organização falira pouco antes de convidá-lo a assumir o cargo) porque não conseguia fazer com que as equipes de marketing e vendas se concentrassem nas principais indústrias farmacêuticas, onde se encontram as melhores oportunidades.

MS: Onde eles se concentram?
CEO: Em pequenos laboratórios que fazem pedidos pequenos. Desse jeito, não conseguiremos decolar nunca.
MS: Você os alertou de que estão mirando nos alvos errados?
CEO: É claro.

MS: E?

CEO: E eles continuam atrás dos pequenos laboratórios.

MS: Por que eles agem assim?

CEO: Porque se sentem à vontade nesse nicho. Nossas equipes de vendas e marketing são formadas por cientistas e, como os caras dos pequenos laboratórios também são cientistas, meus funcionários sentem-se falando de igual para igual. A idéia de visitar uma grande indústria farmacêutica os apavora.

MS: Você já pensou em substituí-los?

CEO: Pensei nisso, sim.

MS: E?

CEO: Bem, isso não é tão fácil. Os colegas gostam deles. E encontrar bons profissionais de vendas é sempre um desafio. Além do mais, eu deveria substituí-los, mas...

Desculpe, mas em situações assim, não tem essa de "mas". Quando as pessoas que devem vender não vendem, os que devem produzir não produzem, e assim por diante, NÃO HÁ EMPRESA. DÊ MEIA-VOLTA, FECHE OS OLHOS E, NUM MILÉSIMO DE SEGUNDO, A EMPRESA DESAPARECERÁ.

Como isso acontece? Em muitos casos, acontece porque o gerente/CEO/proprietário se acomodou ou, pior ainda, tornou-se complacente (pronto para admitir isso?).

A coisa passa a ser surreal – com mais freqüência do que as pessoas querem aceitar. Um de meus clientes desenvolveu um negócio fantástico prestando serviços de consultoria durante a Guerra Fria a clientes corporativos que faziam negócios com o Pentágono e empresas de segurança dos Estados Unidos. Durante décadas, a trajetória de crescimento deles conheceu apenas uma direção: para cima.

Mas o mundo começou a mudar e a empresa se recusou a acompanhar as mudanças. E por que deveria? O alto escalão ficou rico. Os funcionários ganhavam bem. Perks descreveu o cenário como as palmeiras do Caribe. Mas, nessa terra de fartura, nesse cenário perfeito de cartão-postal, a coisa ficou feia. A queda começou devagar e depois foi aumentando de velocidade.

O motivo: com a queda do muro de Berlim, a Guerra Fria tornou-se coisa do passado e a demanda pelos serviços da empresa secou. Os contratos com a *Fortune*

100 (a atividade principal da empresa) diminuíram de tal modo que a empresa entrou no vermelho e as projeções não mostravam nenhum sinal de recuperação.

Chocados com as projeções (simplesmente porque ninguém questionou quanto à redução da base de contratos da empresa ao longo dos anos de maneira incisiva), os diretores convocaram uma reunião de emergência. Então, outro problema veio à tona: poucos participantes acreditavam na existência de tamanha urgência. Quase ninguém via motivos para alarme. Por quê? Como a administração não definiu uma trajetória de crescimento clara, como se tornou complacente e como permitiu que os funcionários vivessem num estado de espírito totalmente fora da realidade do mercado, ninguém levou a ameaça a sério. Estavam acostumados demais com as tensões entre Moscou e Washington, acreditavam que elas não se dissipariam tão facilmente e, de qualquer forma, a empresa simplesmente sairia dessa como sempre fez.

Não há nada de errado aqui. Ninguém se dispôs a criar esse estado lamentável. Trata-se apenas de um reflexo do comportamento humano (contra o qual você deve proteger-se como gestor).

ense nisso como a síndrome do "isso é moleza".

Quando uma empresa cresce além das projeções iniciais, quando parece desafiar a gravidade e ganhar um impulso fenomenal, os gestores ficam deslumbrados com o passeio no tapete mágico e passam a acreditar que o futuro será brilhante. Garantido. Coisa certa. É então que passam a conduzir os negócios no piloto automático, sem saber que o difícil pouso está num futuro mais próximo do que imaginam.

Isso nos reconduz ao trono do conforto. Não há dúvida de que você deve perseguir o crescimento. Cada empresa deve avançar de modo consciente ou acabará ficando para trás. É obrigação do gestor, em cada fase da carreira, garantir a ascensão da empresa, munido de uma estratégia convincente e de uma equipe autodirigida e motivada para colocá-la em prática. Mas não faz sentido brincar com isso. Dourar a pílula. Muito menos fingir que o mundo e o mercado não mudaram. Não dá para fingir, como se estivesse em um show de marionetes. É preciso enfrentar a situação com todas as armas que estiverem à disposição. Ou assuma que não está disposto a encarar o desafio e aceite as conseqüências.

OK, quais são as conseqüências? Pense assim:

ma empresa só pode caminhar em uma destas quatro direções.

Crescer lentamente
Crescer rapidamente
Sair do mercado lentamente
Sair do mercado rapidamente

Eu explico. A maioria das empresas bem-sucedidas, que estão no mercado há muito tempo, passa por esse ciclo. Acredita-se que o declínio seja inevitável mesmo para as grandes empresas. Quando empresas como a Woolworth's, A&P e Zenith caíram das alturas, ninguém ficou chocado. Todas foram vistas como vítimas das mudanças nos negócios. A Harvard Business School desenvolve estudos de caso sobre fluxo e refluxo nos ciclos de vida corporativos, como se os altos e baixos fossem um quesito líquido e certo. Mas eu não acredito nisso nem por um segundo. Para mim, esse é apenas um sintoma da administração que perdeu o controle, a visão, a determinação ou o saudável senso de paranóia sobre o futuro e o que ele trará. Todos são sintomas comportamentais que você pode e deve identificar e sanar na gestão de seu departamento ou empresa.

Comece reconhecendo que a arte e a ciência de administrar são taxadas como algo excessivamente complexo. Isso ocorre porque o senso comum diz que os gestores devem dominar e estar sempre atualizados sobre 1.001 assuntos, processos, disciplinas e iniciativas. O único problema é que isso é inviável. Em vez de considerar sua unidade de negócios como dezenas, centenas ou milhares de qualquer coisa, concentre-se em poucos elementos-chave e seu desempenho irá às alturas. Adoro o jeito como Jack Welch resumiu isso em sua abordagem administrativa e de expectativas de liderança quando comandava a GE. Todas as unidades de negócios da empresa em expansão tinham de ser a número 1 ou 2 do setor ou seriam vendidas. Jack poderia ter escrito um verdadeiro compêndio sobre as metodologias gerenciais que esperava de seu alto escalão, mas deixou tudo muito claro e incrivelmente simples. Qualquer gerente que não conseguisse passar no teste de ser o campeão ou o vice perderia sua unidade de negócios, seu prestígio e a chance de subir na linha de comando da GE. Por que se enrolar quando algo tão direto pode levar pessoas inteligentes e talentosas a passar a noite em claro, tentando descobrir como vencer o desafio? O atual CEO da GE, Jeff Immelt, continua o legado, submetendo seus gerentes ao mesmo indigesto teste de liderança do setor. Há maneira melhor de motivar as pessoas e avaliar seu desempenho? (Minha empresa atendeu a várias unidades de negócios da GE e sentimos na própria pele o peso dessa pressão. Quando nosso cliente Storage USA [SUSA] não conseguiu entrar no ciclo de campeão e vice, Jeff vendeu a unidade à Prudential.)

Simplifique as coisas e você verá a realidade e quais são as opções para lidar com ela com muito mais clareza.

Vejamos agora a questão de *sair do mercado*. Justamente quando estão eufóricos com seu sucesso inicial, os gerentes de empresas em crescimento (como ilustrou o exemplo da empresa de consultoria que atuava durante a Guerra Fria) tornam-se complacentes ("ei, ninguém pode parar este foguete"). Atordoados com a euforia do momento, tiram as mãos do volante e começam a cair lenta, porém inexoravelmente. Como os primeiros sinais de problemas são pequenas quedas nas vendas e/ou lucros que mal atingem um grau na escala Richter, a situação nem de longe lembra um cenário de *sair do mercado lentamente*. Não passa de um bipe temporário ou um soluço inofensivo. Todos colocam a culpa do declínio na economia ou em outros fatores fora de seu controle, ninguém muda e então – bum! – a empresa cai ladeira abaixo e o ano fraco torna-se um problema. E o problema, uma ribanceira. E a ribanceira, uma queda livre... e, de repente, a síndrome de "sair do mercado lentamente" acelera e acaba virando um desastre.

Quanto maior a empresa ou a unidade de negócios, mais tempo ela poderá adiar o inevitável (porque talvez consiga um suporte financeiro maior para camuflar e postergar o destino catastrófico que se aproxima). No entanto, o máximo que consegue é disfarçar o fato de que a empresa está em quebra por sua própria:

COMPLACÊNCIA

EMBUSTE

MEDO DE DIFICULDADES

INOPERÂNCIA

 que nos leva de volta à nossa missão. Para evitar isso e alcançar o crescimento perpétuo, você precisa declarar guerra.

"Por quê?", você pode perguntar de novo.

Leia novamente os obstáculos à prosperidade dos negócios e à conquista do crescimento eterno (na página 8). Veja-os como gremlins.* Como vírus. Reconheça que eles não irão embora por conta própria. Eles criam raízes e reagem aos ataques desanimados dos gestores reagrupando-se e bloqueando o crescimento.

S e você realmente quer fazer sua empresa crescer (do contrário, eu o aconselho a arrumar um emprego de funcionário público), é melhor vestir uma armadura e atacar esses obstáculos ou gremlins porque... porque, a cada dia que você age como se nada estivesse acontecendo, eles continuam a atacá-lo e acabarão vencendo!

Os sinais de alerta de que chegou a hora de declarar uma guerra construtiva vão muito além de posturas e práticas dos funcionários. Eles incluem inúmeras questões que afetam o modo como a empresa cria e distribui serviços e produtos.

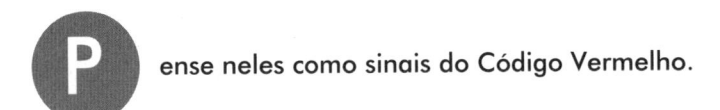

P ense neles como sinais do Código Vermelho.

Todos são um motivo para declarar guerra. Vejamos alguns em mais detalhes.

• Seus clientes GOSTAM de seus produtos e/ou serviços. O problema é que GOSTAR não basta. As pessoas compram quando SE APAIXONAM pelo produto, não porque simplesmente GOSTAM dele. Chegou a hora de subir outro degrau.

Nota da Tradutora: Gremlins (tema central do filme homônimo de Joe Dante, lançado em 1982) são simpáticos bichinhos da lenda americana. Contudo, quando entram em contato com água ou comem após a meia-noite, se encasulam e se transformam nos endemoniados Gremlins Verdes que aterrorizam toda uma cidade.

uando SE APAIXONAM, os clientes:

> Compram rápido
> Compram sempre
> Compram mais do que precisam
> Compram mais do que podem pagar
> Continuam fiéis para o resto da vida

Para entender a idéia, vejamos uma analogia com o cafezinho (ou algo do gênero). Você pode tomar um café em qualquer lugar: em restaurantes, lanchonetes, postos de gasolina, lojas de departamento, praças de alimentação, estádios – a bebida está passando por milhares de coadores neste exato instante. E, na maioria desses lugares, o café vai de bom a medíocre. Então, você compra somente quando lhe convém. E uma coisa é clara: você não tem a menor disposição de dar a volta ao mundo apenas para tomar uma xícara daquela água de batata de um fornecedor qualquer.

Afinal, existe um lugar capaz de fazer com que 23 milhões de pessoas saiam de seu caminho para tomar um café. O café que elas adoram. O café de seus sonhos. O café que elas PRECISAM tomar a qualquer preço. A Starbucks.

De todos os fatores que contribuíram para o sucesso estrondoso da Starbucks, nenhum é mais importante do que o fato de a empresa ter criado um produto que as pessoas amam. Adoram. Desejam. Mas a maioria das empresas não tenta ultrapassar a marca do "gosto" e é por isso que existe somente uma Starbucks. E um Google. E uma Apple. E uma Prada.

- Você acha difícil levantar da cama pela manhã. A idéia de ir trabalhar não é nada excitante. Isso é mau! Mau! Mau! Você deveria levantar-se radiante. Há algo atrapalhando: a política, a ineficiência ou a complacência. Você não tem certeza do que é ou de como chegar à raiz do problema e isso o deixa indefeso. Pior ainda, você é vítima de sua própria empresa. Como resultado, a organização não consegue crescer num ritmo significativo, em parte porque o *líder* age como um piloto perdido na névoa.

- Os clientes reclamam *disso, daquilo* ou *daquilo outro*. Embora seja fácil despistar dizendo que "eles são uns malas", o fato é que o mercado não mente. Há algo errado em sua loja. Corrija o problema.

- Sua equipe raramente apresenta novas idéias. Quando alguém tem medo de apresentar uma idéia – especialmente uma idéia inovadora ou, Deus nos livre, desafiadora –, todos encontram motivos para cair matando. Xingar não adianta. Isso talvez funcione nas Nações Unidas, mas, no mundo dos negócios, é um meio garantido de colocar sua empresa nas garras dos *sonhadores tresloucados* conhecidos como "a concorrência". Para ser específico, aqueles que reconhecem que sempre é possível melhorar um produto ou serviço e têm a determinação para alcançar esse objetivo. (Pense neles como os dois rapazes numa garagem. Esteja certo de que você está na mira deles.)

Declarar guerra contra si mesmo (e, por conseguinte, contra a própria unidade de negócios) é a marca registrada dos gestores excepcionais. E deve ser sua marca também. A partir de hoje. Negligenciar essa tática implica a deterioração da unidade de negócios sob sua responsabilidade – aquela que afeta o curso de sua carreira e prosperidade. Isso é uma promessa... sim, é também uma ameaça!

O insight que mudará sua vida

 uando digo "como não ser um mala", também me incluo nisso.

Numa hora ou noutra, todos nós deixaremos de atuar tão bem quanto somos capazes. Mas, assim que elevarmos nosso padrão, nosso mundo mudará e precisaremos alcançar patamares mais altos novamente. A questão mais importante é entender e aceitar essa necessidade de aprimoramento contínuo.

A boa notícia é que você pode reformular drasticamente sua perspectiva, abordagem e estilo gerencial. Toda mudança é crescente, mas a abordagem descrita neste livro proporciona resultados imediatos cujos escopo e força aumentam ao longo do tempo.

ei que isso é verdade porque declarei guerra contra mim mesmo e minha empresa.

Venho aconselhando milhares de pessoas de negócios, de CEOs a gestores novatos, ajudando-os a identificar desafios, oportunidades, gremlins, inimigos e aliados, trabalhando lado a lado com eles, visando ao crescimento de suas empresas. Foi assim que surgiu este livro. Ele é baseado na experiência. Na realidade. Em fábricas e salas de diretorias, em lojas de varejo e centros de alta tecnologia, em Nova York e Pittsburgh, em Xangai e Zurique. É um choque porque o conceito remete exatamente à origem dos problemas, ataca-os sem misericórdia, não dá a mínima ao politicamente correto e mantém um constante senso de urgência. Não se trata de tirar nota máxima numa tese. A questão é dar o impulso máximo a carreiras e lucros. Ponto.

Ajudei muitos executivos que perderam o compasso gerencial a restabelecer a direção em todos os estágios e níveis de suas trajetórias. Com o passar dos anos, minha função profissional passou por uma interessante transformação:

ui promovido de consultor a Ministro da Guerra.

Seu companheiro de luta. O cara que a empresa deve procurar quando precisa enfrentar um inimigo poderoso e tem de impor disciplina e controles para manter o crescimento rentável e a qualidade dos produtos e serviços. O sujeito ideal para os momentos em que a organização está patinando e ninguém sabe ao certo por que. Ou quando ninguém sabe o motivo, mas todos sabem que precisam de um parceiro com quem possam abrir-se e a quem possam confiar a missão de ajudá-los a se recuperar e ir à luta.

Em algum ponto de sua trajetória, a maioria dos gestores precisa de insights, processos, autodisciplina e força de vontade para alcançar o próximo estágio. Para vencer os concorrentes internos. Para descobrir um modo de se destacar como alguém excepcional. Ou para organizar o que já é extraordinário e divulgá-lo às pessoas certas.

É aí que eu e este livro entramos em cena. Para ajudá-lo a melhorar e organizar suas habilidades, *expertise*, filosofia, metodologia e seu marketing pessoal, a fim de se estabelecer como um gerente fabuloso. Um guerreiro.

Vamos começar?

Liberando o poder de uma filosofia pessoal

Numa manhã do ano de 2001, acordei e pensei: "Construí uma boa empresa. Tenho 57 funcionários... tenho uma vasta carteira de clientes... a MSCO Inc. é lucrativa. Muito lucrativa."

 esci para tomar o café-da-manhã com minha esposa e disse-lhe: "Meu bem, vou despedir todo mundo."

Ela respondeu: "Do que você está falando?" (Ouço isso o tempo todo.) Então, expliquei.

"Tenho uma equipe de bons profissionais. E bons profissionais podem construir uma boa empresa... mas não uma empresa sensacional. Então, vou despedir todo mundo e começar a recrutar somente os maiorais de cada área do negócio. Quando construímos essa empresa, nós a víamos como um trabalho em andamento, sempre operando-a a todo vapor para aprimorá-la cada vez mais. Mas um belo dia, sabe-se lá o motivo, paramos. Ou talvez deva dizer que eu parei. Agora chega."

Lembrando-me disso, não tenho certeza de que minha esposa tenha me levado a sério. Acho que ela pensou que aquilo era alguma espécie de devaneio matinal. Mas eu sei que, do momento em que declarei meu plano de guerra sobre a terrina de cereais, tornei-me um cara armado, perigoso e pronto para o ataque.

Não se tratava de um capricho. Passei cerca de um ano pensando nisso, ruminando a idéia, calculando os riscos, sonhando com os benefícios e explorando as implicações. Fundei a MSCO com base no princípio de que o mercado precisava de um novo tipo de entidade – um misto de empresa de marketing e consultoria estratégica. Então, montei o quebra-cabeça, desenvolvi uma metodologia, criei uma marca, formei uma equipe, conquistei clientes, passei pelo processo de tentativa e erro e pelo difícil e eletrizante desafio de fazê-la dar certo.

As raízes da empresa remontam a um dia quente de junho, próximo ao meu 22º aniversário. Como típico cara que nasceu nos anos 60, eu era radical, anti-*establishment*, "faço-a-coisa-do-meu-jeito" e acabei seguindo uma trilha profissional tortuosa. O ensino médio não despertou muito interesse em mim. (Morando no bairro de Queens, em Nova York, em qualquer época do ano eu podia pegar minha namorada e dirigir até Jones Beach. Então, quem seria louco de querer ficar sentado numa triste sala de aula da melancólica prisão chamada Bayside High School? Mark Stevens, com certeza, não era.) Depois, entrei numa faculdade de terceira linha. Tranquei a matrícula para ajudar minha família em virtude da morte de meu pai (que nos deixou uma herança de US$84, nenhum bem e contas no Himalaia). Em seguida, tranquei outro semestre e fui para Paris, onde vivia com US$5 por dia.

Uma história engraçada, não? Fui para Paris com os US$300 que herdei de minha avó (perdi meu pai e meus queridos avós maternos em um ano e meio). Naturalmente, morava em espeluncas, mas o vinho era barato, as garotas fantásticas e passei aquele verão como o único cara largado ao sol numa casa flutuante francesa (o *Piscine Deligny*) com duzentas mulheres em minibiquínis. A vida era boa e ficou melhor ainda.

Uma das garotas com quem eu saía – uma ricaça filha de um homem de negócios parisiense – estava de mudança para a Argélia, a fim de defender alguma causa social maluca, e pediu para que eu tomasse conta de sua esplêndida mansão de veraneio superchique, a Place de Victor Hugo. E lá estava eu, sem um centavo no bolso, mas levando garotas para essa casa de arrasar após as noitadas em discotecas e elas pensando: "Uau! Fisguei um americano cheio da grana."

De qualquer modo, acabei doente e internado no American Hospital de Paris. Por motivos financeiros, fui obrigado a voltar para casa, das *rues de Paris* para as ruas de Nova York. Terminei os estudos e arrumei um emprego na Texaco, em uma revista interna que a empresa publicava para os frentistas (muito mais interessados em ler *Jugs*, uma revista americana de esportes, do que na porcaria de revista da empresa), com o intuito de ensinar a vender pneus, baterias e acessórios. Divertiiiiido!

Pela primeira vez na vida, tive contato direto com o ambiente de trabalho americano – no melhor estilo *Fortune 100* – e vou contar a você: Não gostei do que vi. Minha reação foi mais para: "Vou dar o fora daqui rapidinho!" Era um bando de caras de meia-idade que basicamente dormiam sobre a mesa, formavam filas para o almoço e comiam um "prato de peão" ao meio-dia em ponto. Depois disso, tiravam um cochilo com a porta do escritório fechada e só saíam de lá às 16h59. Não preciso dizer que eu tinha tempo de sobra na Texaco (conseguia dar conta do trabalho de um mês em um dia), mas, em vez de me unir ao coro do ronco, passei a sonhar acordado. Ficava pensando em possibilidades para novos negócios e numa série de outras coisas. E a descoberta de que os jornais de sindicatos não tinham colunas com conselhos para pequenos empresários acertou em cheio o antigo idealista dos anos 60 (eu). Para encurtar a história, entrei em contato com o jornal *Newsday*, de Long Island, apresentei a idéia, eles aceitaram ("desde que você mostre do que é capaz escrevendo 12 colunas de graça") e coloquei a mão na massa rapidinho. Em pouco tempo, passei a trabalhar como autônomo. Tornei-me o dono de um novo empreendimento na mídia que, mesmo anos depois, manteve o faturamento e o escopo em expansão: a atual MSCO – empresa de marketing global que presta consultoria de crescimento empresarial a executivos de organizações de pequeno, médio e grande portes.

E logo quando a empresa alcançou o nível de sucesso com o qual eu sonhava ao criar a idéia central há 25 anos, no tempo em que trabalhava na Texaco – e tinha todos os motivos para dar ouvidos ao velho axioma: "Em time que está ganhando não se mexe" –, decidi reestruturar tudo. Tomei essa decisão para enfrentar o fato de que a MSCO era, é e sempre será uma obra inacabada. Construíra uma empresa bem-sucedida, mas temia que, exceto se declarasse guerra a mim mesmo, acabaria comandando um negócio medíocre e eu não queria fazer parte disso. Na época, um dos pontos fortes da MSCO era identificar precisamente por que as empresas não conseguiam crescer num ritmo satisfatório, ou se administravam mal um crescimento explosivo, e orientá-las para avançar com base no sucesso. Tínhamos perspicácia, know-how e um jeito estranho de desenvolver metodologias de marketing exclusivas e inovadoras, bem como ajudar determinadas empresas a lidar com seus problemas específicos e alcançar resultados mensuráveis de imediato.

Mas eu também tinha ciência de nossos pontos fracos. Era como olhar diretamente para o Sol bem no meio de um eclipse. Por mais doloroso que isso pudesse ser, não tirei os olhos da situação e continuei pensando e vendo:

- Profissionais no limite da capacidade intelectual, incapazes de alcançar crescimento contínuo.
- Lapsos na execução que minavam a força da sabedoria coletiva.

Eu precisava agir. Queria que minha empresa, tão boa e rentável quanto era, fosse um tipo de organização elegante que, a despeito da passagem do tempo, mantivesse a capacidade de crescer, evoluir, expandir-se e enxergar através de outras dimensões à medida que encontrasse novas fontes de conhecimento e as utilizasse. Meu desejo era que a MSCO desafiasse o senso comum e descobrisse as verdades do mundo dos negócios por trás dele, e que continuasse a desafiar as próprias convicções. E que ela sempre encantasse todos os que cruzassem seu caminho.

Durante dois anos difíceis, mas cheios de descobertas e excitação, virei a empresa de cabeça para baixo e coloquei tudo no lugar de novo. O processo foi difícil porque era chegado a meus funcionários. Gostava deles. Mas meu instinto de gestor dizia que eu deveria separar a emoção e a amizade da missão desafiadora de alavancar uma empresa.

Isso não foi nada fácil. Os sentimentos não desaparecem só porque você quer se livrar deles. Ainda não inventaram a varinha mágica. Não basta dizer "abracadabra" para surgir uma empresa nova. Durante todo o processo, houve noites de insônia, e confesso que suei frio. Acordava às duas da manhã e ficava pensando se não deveria deixar tudo como estava. Será que eu estava brincando com fogo? Será que estava colocando em risco anos de trabalho árduo?

Há uma passagem no filme *Wall Street* em que um personagem diz algo mais ou menos assim: "Quando um homem olha para o abismo, descobre em que ele realmente consiste." Nessas noites solitárias, no meio de uma mudança radical que eu estava impondo à minha empresa e a mim mesmo, sabia que estava enfrentando meu próprio abismo e que precisava ser hábil o bastante para não perder o prumo. Estava determinado a sair desse período difícil como um homem de negócios mais sábio e capaz.

Meu objetivo era tornar a MSCO a melhor empresa do mundo em seu nicho de mercado, mas não conseguiria alcançá-lo com os funcionários que tinha. Estava tirando o máximo que podia de meu pessoal. Eles estavam bastante satisfeitos em ser meramente bons. Mas eu queria a excelência. E, de qualquer modo, os gestores não devem pressionar, mas sim liderar. Uma coisa é totalmente diferente da outra. Chefes exigentes exaurem suas forças tentando obrigar as pessoas a fazer o que não querem. Os líderes, por sua vez, ficam entusiasmados ao ajudar as pessoas a sonhar e transformar esses sonhos em realidade.

Aqui temos um princípio profissional básico que orienta a essência da alta administração:

Qualquer organização que equivalha à soma de suas partes fracassará. Somente quando os componentes humanos, financeiros, estruturais, processuais, morais, estratégicos e de execução estão alinhados de maneira que uns reforçam os outros para criar sinergia, a empresa alcança excelência. Afinal, esse alinhamento é maior do que a soma de tais componentes.

E era essa minha meta para a MSCO e para meus clientes. Como um gestor extraordinário é aquele capaz de criar e sustentar uma unidade de negócios (de qualquer tamanho ou setor) que seja maior do que a soma das partes. Vejamos onde você entra nessa história.

Todo mundo administra alguma coisa

Você administra sua carreira, sua empresa e sua vida pessoal. E todas essas missões são um deus-nos-acuda.

A questão é: Você administra bem alguma ou todas essas facetas de sua vida? Se você é como a maioria dos seres humanos, a resposta é: "Não tão bem como poderia ou deveria." E isso significa que talvez você não esteja aproveitando todo o potencial – medido em recompensas financeiras, espirituais e intelectuais – de sua vida profissional e pessoal.

Por que acredito que tantas pessoas não conseguem administrar seus grandes desafios com habilidade, sutileza e aprumo? Porque vejo isso o tempo todo no trabalho, com uma gama enorme de profissionais de todos os níveis da hierarquia executiva. Quando você tem o privilégio de fazer o que eu faço, os insights são enormes. Entro nas salas de diretoria e ajudo a explicar a estratégia aos membros do Conselho. Estou na casa deles apresentando planos para esses executivos enfrentarem os desafios de sua liderança. Estou em sessões explosivas, rebatendo perguntas de pessoas presas a problemas que as deixam perplexas.

Atuo como mentor, *coach*, confidente e conselheiro pessoal, e vejo que muitos gerentes apresentam pontos fracos semelhantes e que têm dificuldade de:

- Avaliar com objetividade a empresa e seus processos administrativos. (Pergunte a si mesmo: Estou certo de que realmente sou um bom gestor? Um gestor excelente? Em comparação a quem? De acordo com qual padrão?)

● Vencer as próprias dúvidas (a despeito das audaciosas exibições de bravatas). Pense nas vezes em que você odeia a idéia de ir para o escritório porque sabe muito bem que os argumentos que apresentará a seu chefe ou aos integrantes de sua equipe são fracos e não-convincentes, mas, mesmo assim, você não tem outra coisa a dizer. Então, você coloca um sorriso no rosto, entra no escritório e: bum! O pior acontece. Todos conseguem sentir que não há a menor convicção em suas palavras.

● Desenvolver suas próprias *personas* gerenciais (em vez de escolher um exemplo a seguir). Perdi a conta de quantas vezes ouvi os gerentes da GE invocarem o nome e a mitologia de Jack Welch. Que bom para Jack. Mas tais gestores não são Jack. E talvez você não seja a pessoa que fundou a empresa nem um antigo dono que a tenha comandado antes de você.

● Estabelecer as regras (em vez de segui-las). Você bem sabe quantas vezes gostaria de poder mudar uma série de regras estúpidas que provavelmente estão em vigor desde a inauguração da empresa. Chegou a hora de colocar os piores réus sob sua mira. Como a intocável regra de várias empresas segundo a qual não se pode pagar a um jovem de 24 anos, com um ano de empresa, mais do que se paga a um profissional de 34 anos com formação semelhante e dez anos a mais de experiência. Se o garoto é um astro, PAGUE-O condignamente. Wall Street faz isso todos os dias.

● Romper a intrincada burocracia das organizações. Todo mundo sabe que ela está lá. Donald Rumsfeld pilotou aviões de guerra, dirigiu empresas e foi Secretário de Defesa duas vezes. Cada vez que ia a Washington, tinha de enfrentar a burocracia do Departamento de Defesa. Deixou alguns setores intactos (porque raramente é recomendável colocar a casa inteira abaixo), mas outros grupos de generais aprenderam do jeito mais difícil (para Rumsfeld e para eles, pois esses conflitos são sempre cruéis) que o Secretário estava removendo suas barricadas.

● Colocar em risco sua popularidade a fim de conquistar o respeito e de servir de exemplo. Lembro-me de quando a diretoria da Northwestern Mutual Life estava sob enorme pressão para criar um produto universal nos anos 80. A força de campo (leia: a força de vendas que trazia todo o dinheiro para a empresa) estava esmurrando a porta por causa disso. Mas os caras (praticamente todos) disseram não. Por quê? Porque a diretoria acreditava que o produto seria uma moda passageira e, na verdade, uma bomba-relógio que implodiria financeiramente por não corresponder às projeções ao longo do caminho. Como a melhor seguradora dos Estados Unidos, a NML não poderia se dar a esse luxo. Então, a diretoria acabou com a alegria do pessoal de campo e conquistou sua antipatia. Entretanto, continuou no poder. E quando o tal seguro de vida universal estourou com a concorrência, os mesmos caras "antipáticos" da NML passaram a ser os líderes mais respeitados do setor.

Vexatórios a princípio, os pontos fracos gerenciais citados anteriormente podem parecer um conjunto de disparates. Mas procure fazer um vôo panorâmico sobre a questão e você verá algo que talvez não esteja enxergando aqui do chão: ligue os pontos e todas essas deficiências levarão **à ausência de uma filosofia gerencial.**

A General Motors coloca isso em uma perspectiva precisa. Aqui está uma das maiores corporações do mundo, com operações de grande porte, revendedores em quase todos os países e carros em milhões de garagens. E o que a GM representou nas últimas três décadas? Carros ruins, diminuição da participação de mercado, lucros em queda livre, administração submissa, um trilhão de regras e uma marca que causava o mesmo impacto de uma folha em branco. Durante todos esses anos terríveis, lamentáveis e desafortunados – piorados pelo fato de que a empresa, um dia, dominara o mercado mundial de automóveis –, ninguém na sede corporativa ousou dizer o seguinte: "Nossos carros são uma droga." Por quê? Porque todos os pontos fracos gerenciais citados anteriormente estavam incorporados em uma única empresa: não houve nenhuma avaliação fria e rigorosa da empresa. Não havia determinação para acabar com a burocracia. Muito menos coragem de liderar ousando experimentar novos rumos. Não. Todo mundo seguia a bolinha saltitante ou o rastro de tinta vermelha até que a luz de néon piscasse com a frase **fim de jogo**. (Há milhares de gestores desse tipo por aí. Eles apenas não têm nomes [mal]afamados.)

Isso nos remete à idéia da filosofia gerencial. Não se preocupe. Não pretendo começar um discurso acadêmico quando digo isso. Quando falo em "filosofia", refiro-me apenas a uma estrutura conceitual para o que você deseja realizar e como chegar lá. Sem isso, você trabalha de maneira reativa, respondendo aleatoriamente a cada desafio e oportunidade. Com uma filosofia, é possível ser proativo, enxergar o que vem pela frente e como lidar com as coisas no contexto da estratégia que você estabeleceu.

Também é muito comum os gestores acreditarem que a máxima "quero ser muito bem-sucedido" equivale a uma filosofia. Não chega nem perto. Qual é a sua bandeira? Como você chegará ao sucesso? Sem uma filosofia, não há caminho para a sua meta. Não há um modo de lidar de maneira eficaz com a miríade de questões que surgirão e desafiarão seu intelecto, sua integridade, coragem, ambição e visão.

Tom Watson Jr. precisou de uma filosofia para duas questões cruciais: provar a seu pai (fundador da moderna IBM) que era mais do que o filho do fundador de uma grande empresa e levar a IBM a um patamar ainda mais elevado do que a posição à qual Watson Jr. a elevara. Sua filosofia era mudar o mundo por meio da informatização, e fazer isso numa escala tão larga que nenhum concorrente pudesse desafiar a IBM por décadas.

A inspiração veio de um passeio à sede da Metropolitan Life, em Nova York. O imponente edifício do pré-guerra na One Madison Avenue foi o lar de milhares de "aspones" da Metropolitan e dois de seus andares eram dedicados aos subprodutos dos cartões perfurados do gerenciamento de dados da IBM nos anos 60. A nova era dos mainframes surgia na IBM, com laboratórios de universidades e instalações de defesa que, na verdade, eram toscos, dispendiosos e nada confiáveis. Foi nessa prova final virtual que a diretoria da Metropolitan disse à IBM que a empresa precisava entrar num processo de informatização de vanguarda: havia uma demanda na comunidade de negócios dos Estados Unidos por isso e, caso a IBM não a atendesse, a concorrência o faria. Andares lotados de pilhas e pilhas de cartões perfurados não levariam a corporação a um mundo cada vez mais complexo. Na época, Watson Jr. enxergou a realidade do mercado (a Metropolitan era o maior cliente da IBM) e o futuro com bastante precisão.

Quando Watson Jr. voltou ao escritório, tinha a missão de convencer o cético pai (e o Conselho que o apoiava) de que a IBM deveria desviar o foco do rentabilíssimo negócio de cartões perfurados e investir quantias sem precedentes na história para ingressar na era da informatização moderna e baseada em eletrônica. Empresas grandes não fazem mudanças radicais com facilidade, em especial quando as atuais operações geram lucros torrenciais. A despeito de toda a resistência que teria pela frente e do fato de bater de frente com o próprio pai (que, por acaso, era uma lenda), Watson Jr. manteve-se fiel à sua filosofia e recebeu aprovação para dar andamento ao plano de crescimento e investimento mais ambicioso da história da empresa, reconstruindo a IBM aos olhos do mundo e criando a primeira empresa genuinamente grande da era da informação. O "Big Bang" viria com o lançamento do Sistema 360 da IBM, em 7 de abril de 1964: a primeira grande família de computadores com uma arquitetura comum e peças intercambiáveis. O que a revista *Fortune* chamou de uma aposta de US$5 bilhões se transformaria em um dos mais impressionantes sucessos da história dos negócios.

No processo, Tom Watson Jr.:

- Avaliou objetivamente sua empresa e seu estilo administrativo.
- Venceu a própria insegurança e saiu da sombra do pai.
- Desenvolveu sua *persona* gerencial.
- Criou um novo conjunto de regras.
- Venceu a intricada burocracia.
- Correu o risco de perder a popularidade para se manter fiel à sua visão/filosofia.

Resultado: Criou a maior empresa do mundo no setor.

Ele não precisou de uma filosofia gerencial complexa. Analise a minha.

- **Sempre tenho uma estratégia de negócios.** Por exemplo, não levanto de manhã pensando no que será de minha empresa hoje nem em como enfrentarei os problemas e as oportunidades que virão. Tudo isso já faz parte de meu plano estratégico: manter o crescimento da capacidade da MSCO de enxergar novas dimensões e cultivá-las para nós e nossos clientes. Isso afeta minhas decisões sobre finanças, recrutamento, organização, remuneração, processos e metodologia. Minhas idéias e ações acontecem dentro de uma estrutura conceitual estratégica e filosófica.

- **Não julgo nada pelas aparências.** Quando um funcionário vem se gabar "Somos os melhores em otimização de mecanismos de busca", pergunto quem é o segundo colocado. Quando ele cita um nome, digo: "Traga-o aqui para uma visita. Quero ver se ele acha que somos melhores que ele."

- **Sempre procuro a verdade e fundamento meus conselhos nela.** Sempre que dou alguma recomendação – inclusive para minha esposa, filhos, funcionários, advogados e gerentes de bancos de investimentos, todos sabem que não quero surpresas. Se algo ruim acontecer, diga logo ou, melhor ainda, avise se vir o menor sinal de contratempo. Prefiro lidar com problemas do porvir a enfrentá-los de surpresa numa sala de reunião.

- **Não aceito o segundo lugar.** Quando sei que algum aspecto de minha vida profissional se enquadra nessa categoria, saio do escritório, calço minhas botas L. L. Bean, sigo para Ward Pound Ridge Reservation, perto de casa, em Bedford, Nova York, e dou uma caminhada. E reflito. E faço um esforço para entender a situação. E não pego no sono até encontrar um meio de sair da posição de vice-campeão.

- **Não tolero funcionários passivos.** Aqueles que não conseguem crescer ficam sabendo disso e, quando não entendem a mensagem, são despedidos. Se pessoas passivas compõem o quadro de funcionários da MSCO, como posso manter-me fiel à minha filosofia, que enfatiza o crescimento intelectual contínuo e o conseqüente alcance dos mais altos níveis de desempenho?

- **Nada me impede de alcançar meus objetivos.** Quando decidi expandir meus negócios para a China, disseram-me que os chineses não gastam com prestação de serviços. Não perca seu tempo, aconselharam-me. Minha resposta foi: há uma primeira vez para tudo e as pessoas preguiçosas demais para desafiar antigas tradições são justamente as que propagam metade das regras empresariais que ouvimos por aí. Então, encontrei o melhor guia para me orientar na China, entrei na cova dos leões e explorei propostas de *joint-ventures* em Pequim.

- **Quando uma circunstância atípica e inesperada me desvia do curso, luto para recuperar minha força.** Faz parte de minha filosofia ter consciência de que a vida muda, que sofremos golpes e que, de vez em quando, o mundo vira de cabeça para baixo. Perde-se um grande cliente, um funcionário-chave pede demissão, um concorrente consegue difamá-lo (como o pessoal da Madison Avenue vive fazendo comigo, pois se sentem ameaçados quando digo que propagandas com orçamentos vultosos, orientadas à estética e que concorrem ao prêmio Clio enriquecem as agências e deixam para os investidores a pergunta: "Mas que diabo aconteceu com meu dinheiro?"). Infelizmente, isso é certo. Mas estou preparado para isso – minha filosofia diz para que eu tenha sempre em mente meu plano de ação e mantenha o curso até que ele não se justifique mais. O pessoal da Madison Avenue me odeia porque falo contra a publicidade tradicional. E daí? Não vou tentar conquistar a amizade deles. Minha filosofia é "Não preciso que ninguém goste de mim".

- **Não me deixo levar pelo medo.** Isso não significa que eu não tenha medo. É claro que sim. Medo do fracasso. Medo do risco financeiro. Mas reflito a respeito, planejo como proteger o máximo possível meu lado fraco e prossigo com minha estratégia. Sei que algumas coisas dão errado. Mas também sei que as pessoas realmente bem-sucedidas, os gerentes excepcionais, levantam, sacodem a poeira e dão a volta por cima.

- **Continuarei aprendendo, crescendo e procurando ser a pessoa mais sábia e inteligente que posso ser.** Há quem diga que lê três jornais por dia. Tomei a decisão consciente de parar de ler jornais. Reconheci que aprenderia mais conversando com minha equipe e clientes, fazendo uma caminhada com eles, participando de sessões de brainstorm, desafiando-os e instigando-os a me contestarem também. Digo a todo mundo – e faço isso o tempo todo: "Sei o que estamos vendo. A questão é o que não conseguimos ver."

- **Mantenho a paixão em minha vida.** Só há um jeito para tanto: entrar de cabeça em tudo o que você goste. Esqueça a necessidade de atingir o chamado "equilíbrio". Que diabo é isso? Adoro sentar ao Sol e sonhar de olhos fechados. As pessoas me aconselham a tomar cuidado com os perigosos raios solares e eu digo não. Essa é a minha paixão. Então, posso ficar assim durante oito horas ou mais num dia de verão. Adoro tomar uma garrafa de vinho todas as noites e duas nos fins de semana. Está errado? Não é saudável? Não, trata-se de minha paixão e uma energia fundamental em minha vida.

Concentro-me em liberar o poder de se ter uma filosofia pessoal porque esse é o único modo de criar e sustentar uma empresa excepcional. Preste atenção à palavra "sustentar". Criar uma unidade de negócios formidável é uma coisa – sem dúvida "uma coisa" muito importante –, mas o mundo está cheio de feitos singulares que criam algo especial que depois se deteriora a olhos vistos. Pessoas que nunca recuperam o impulso, a magia e o sucesso que tinham no início. Em um determinado momento, tiveram o produto certo, a estratégia de preços certa ou a tecnologia certa para voar de 0 a 100, mas não tinham a filosofia de como manter o sucesso e firmar-se nele quando os inevitáveis desafios batessem à porta e as tirassem do prumo.

Às vezes, encontro pessoas nesse estágio de evolução. É então que começo a descobrir o que deu errado e por que – e então passamos a trabalhar juntos para colocar a empresa ou a carreira (ou ambos) novamente nos eixos.

Aconteceu assim com Ashley. Filha de uma próspera família de Chicago, a jovem era uma clássica beleza do Meio-Oeste, com todo o charme, personalidade vencedora e entusiasmo pela vida, típicos dos americanos. Vendedora nata, vendia anúncios na Internet nas férias de verão da Universidade de Chicago e apostava sua habilidade e contatos em um novo negócio que, pouco depois, chegaria a uma explosiva IPO (oferta pública inicial de ações). Descobriu um modo de gerar altos índices de respostas diretas com um mecanismo de publicidade cobrado por cliques e uma extensa lista de empresas frustradas com os meios tradicionais de promoção que formavam filas à sua porta.

Ashley ficou eufórica com seu sucesso quase instantâneo. Perfeitamente normal: essa euforia é uma das recompensas da conquista. Mas algo surgiu no meio daquele caminho que levaria a um final feliz. O conto de fadas transformou-se em algo parecido com uma tragédia. Depois de atingir o ápice, a empresa começou a deteriorar-se gradativamente (devagar no início e depois à clássica velocidade crescente) e acabou entrando no vermelho, mal conseguia respirar e viu-se diante de um novo inimigo: a concorrência. Minha análise revelou o que havia de errado e os motivos da crise. Ashley teria de encarar os fatos.

Marcamos um encontro num domingo na sala de reunião de sua empresa, com vista para o Lago Michigan. O Sol fraco da manhã entrava pela parede de vidro. Ashley estava linda, seus vistosos cabelos ruivos contrastavam graciosamente com o suéter de cashmere branco, mas em seu rosto também havia o olhar de uma mulher que não andava dormindo bem.

MS: Quando você se olha no espelho, consegue dizer a si mesma que tem uma filosofia?

ASHLEY: Não sei se entendi direito. Você está perguntando se sou uma pessoa filosófica?

MS: Você tem uma filosofia segundo a qual dirige sua empresa?

ASHLEY: É claro que tenho. Por que você pergunta?

MS: Porque você construiu este lugar com nada além da mais pura vontade, impulsividade e capacidade nata de vendas, mas o que um dia foi seu carro-chefe hoje é uma canoa furada rumo à morte prematura.

ASHLEY: Eu sei, eu sei. Os tempos mudam, Mark. Quando comecei, quase não havia concorrência. Hoje, tenho de enfrentar o Google, a Microsoft e a Ogilvy. O que isso tem a ver com "minha filosofia"?

MS: Tudo. Os tempos mudam para todos os gestores, em todos os setores. A concorrência surge para mostrar sua cara feia. As taxas de juros sobem e descem. O preço do petróleo sobe assustadoramente e o mercado de ações cai de repente. Novas tecnologias surgem do nada. Seus melhores colaboradores decidem mudar para o Maine a fim de se dedicar à poesia.

A menos que você tenha uma filosofia, não poderá administrar todas essas mudanças e acabará sucumbindo a elas. E é isso o que está acontecendo com você. Sua empresa foi construída com base na capacidade de vendas. Você é uma vendedora extraordinária. Todo mundo a ama. As pessoas adoram sua inteligência. Sua paixão. Amam o conceito que você criou e rapidamente expandiu no mercado graças às centenas de Ashleys que desenvolveu ao criar uma empresa de vendedores. De máquinas de vendas. De gente jovem com quem os clientes adoram negociar e que têm a capacidade de encontrar oportunidades, abrir portas e fechar contratos. Esta empresa mostrou a um amplo setor de organizações americanas como alavancar melhor o dinheiro gasto com publicidade, e elas compraram a idéia.

Mas quando os desafios inevitáveis baterem à porta, você caiu na armadilha de enfrentá-los como eventos únicos. Você confundiu habilidade em vendas com filosofia, e ninguém consegue vender o tempo todo em meio à miríade de dificuldades que os gestores enfrentam. Ashley, é por isso que você precisa de uma filosofia e, com todo o respeito, você não tem nenhuma.

Percebi que ela venceu o instinto inicial de se defender. Embora irritada, estava pronta a ouvir mais.

ASHLEY: Você tem razão. Fiquei tão fixada em me desviar do fogo cruzado que não parei para descobrir de onde vinham os tiros nem em como poderia revidá-los e levar a empresa ao crescimento novamente. É isso o que você quer dizer, não é, Mark?

MS: Exatamente.

ASHLEY: O que você faria se estivesse em meu lugar?

Como tinha estudado a evolução da empresa, estava pronto para dar a resposta.

MS: Divulgaria minha filosofia na forma de um programa de sete itens cujo objetivo é dar uma reviravolta na empresa:
1. A empresa restabelecerá sua preeminência no setor com base no sólido foco da excelência em vendas.
2. Recuperará os níveis elevados em vendas e faturamento – e os superará.
3. O CEO (você) comandará a iniciativa.
4. Você criará uma oferta arrasadora para cativar e retomar o contato com os clientes perdidos, bem como para atrair novos negócios para a empresa.
5. Você tratará a empresa como uma obra inacabada, que melhora a cada dia em vendas, estratégia, execução e produtividade.
6. Você criará uma unidade de P&D (Pesquisa e Desenvolvimento) para identificar a próxima grande inovação em publicidade interativa.
7. Nada a deterá.

Observe atentamente e verá que isso é mais do que um plano de ação: é um modo de pensar e agir que impulsiona as unidades de negócios ao crescimento perpétuo. Desse dia em diante, Ashley ampliou seu conceito sobre filosofia para algo além de Platão e Sócrates. E não mais encarou seu papel como CEO essencialmente em termos de quais atitudes a serem tomadas hoje, amanhã e depois. Em vez disso, passou a confiar em que tudo convergiria a um plano que levaria a empresa ao crescimento. Pela primeira vez, Ashley criou um plano estratégico com base em seus objetivos de curto e longo prazos, detalhando como reagiria quando os inevitáveis tornados aparecessem no caminho de suas metas. Ela não adotou minha filosofia, mas fez algo ainda melhor: criou sua própria filosofia. Poucos meses depois, a empresa começou a responder ao fato de que sua líder estava (1) restabelecendo o contato com sua cultura de vendas por meio de workshops e treinamentos; (2) aperfeiçoando o sistema de comissões para melhorar os incentivos pelo fechamento de negócios acima de US$1 milhão; (3) recrutando um executivo sênior para iniciar uma desafiadora unidade de P&D; e (4) exigindo que os gerentes seniores desenvolvessem e implementassem suas próprias filosofias para gerenciar suas unidades de negócios sem se desviar da visão global da empresa.

Ashley precisava ver o verdadeiro poder da filosofia como uma bússola para todos os que administram alguma coisa e desejam fazê-lo excepcionalmente bem.

COMO VOCÊ SABE se tem uma filosofia gerencial? Bem, vamos raciocinar sobre isso juntos.

Comecemos com uma pergunta: Você aceita as correntes de pensamento tradicionais na busca por melhores métodos de trabalho? Veja este caso: anos atrás, alguém disse a você que não seria bom "criar polêmica" e você deve ter aceitado isso como um mandamento divino, quando, na verdade, essa é uma premissa totalmente errada. Às vezes, você pode dar uma reviravolta da seguinte forma:

- Jogando fora a estratégia herdada.
- Substituindo integrantes da equipe, mesmo se tal atitude causar todo tipo de repercussões políticas (e isso é o que geralmente acontece).
- Reestruturando o *modus operandi* de sua unidade de negócios, seja em termos de produção ou de prestação de serviços.

É claro que o nível em que você está na hierarquia determina com que velocidade conseguirá implementar a mudança. Mas a questão é se você aceitará o atual estado de coisas como inevitável e, portanto, fará uma revolução ou se pegará cada caso de mentalidade estúpida, antiga, idiota e ilógica (quando chegar o momento oportuno) e o substituirá por sua própria filosofia de administração da empresa, em vez de permitir que você e sua equipe sejam vítimas deles.

Os anais da história dos negócios estão recheados de *verdades* desafiadas e derrotadas por notáveis líderes filosóficos (que, no processo, criaram uma tremenda revolução):

- Mulheres não podem assumir posições de comando.
- Pessoas mais maduras devem ganhar mais do que os jovens.
- Os funcionários devem ter estabilidade vitalícia no emprego.
- Lojas de varejo não precisam abrir aos domingos.
- Sempre é melhor fabricar seus produtos do que terceirizar a produção.

E assim por diante. Pense em como gerencia sua unidade de negócios: Você desafia a tradição na busca por verdades maiores?

Outra pergunta: Você cuida dos outros ou é um líder? Sou constantemente surpreendido pelo número de pessoas em cargos de liderança que atuam mais como "cuidadores" de suas unidades de negócios do que como condutores de sua estratégia, direção e crescimento. Essa postura é mais transparente em empresas familiares.

Trabalhei com filhos de fundadores em várias ocasiões. Quando assumem o comando, tendem a se preocupar com os pais, buscando perpetuar as realizações de seus antecessores. Não porque herdaram algo perfeito, fabuloso ou altamente rentável. Mas, simplesmente, porque é assim que acontece. Isso não é administrar, é tomar conta – e não é assim que se constrói uma vida profissional e pessoal fantástica. Isso é adotar as idéias e práticas de outra pessoa, em vez de criar e desenvolver a própria filosofia.

Pela natureza de seu papel, os cuidadores aceitam a mentalidade tradicional. Seja qual for o caso, o mais sensato é desafiar e analisar minuciosamente a situação. Colocá-la em perspectiva. Em alguns casos, talvez você chegue à conclusão de que o negócio perdurou por um motivo: a sabedoria venceu o desafio do tempo e mantém o negócio no curso mais seguro. Outras vezes, você verá a farsa por trás disso tudo e a substituirá por uma verdade mais elevada.

Veja este caso: quando Bill Levitt decidiu tornar-se empreiteiro logo após a Segunda Guerra Mundial, a bíblia do setor dizia que a linha de montagem não funcionaria na construção civil. Para automóveis, tudo bem. Para casas, não.

Bem, Levitt refletiu tanto sobre a mentalidade tradicional que se arrepiava só em ouvir a expressão "linha de montagem" e "construção civil" na mesma frase. Como oficial da Força Aérea americana enviado ao exterior para as batalhas contra Hitler, o trabalho de Levitt era construir pistas de pouso para os aviões dos Aliados em missões de combate na Europa. Na zona de guerra, não havia tempo para os tradicionais processos de planejamento e construção de pistas. A necessidade é a mãe da invenção e Levitt começou a descobrir novos meios de construir aeroportos num passe de mágica. Os tradicionalistas fariam críticas, mas os aliados precisavam das pistas de pouso e Levitt as construía. E ele começou a pensar: posso aplicar a filosofia do que estou fazendo aqui – construindo pistas de pouso da noite para o dia sem os aparatos dos aeroportos tradicionais – ao processo de construção de casas quando voltar à vida civil. E foi exatamente isso o que ele fez. Criou a própria versão de linha de montagem, segundo a qual as casas eram fixadas no lugar e os operários se moviam pelas linhas de montagem. Este foi o raciocínio de Levitt:

- Tratarei as casas como produtos de consumo fabricados em larga escala.

- Definirei um preço tão em conta que qualquer trabalhador terá condições de pagar.

- Para tanto, farei com que as equipes de operários vão de uma construção para a outra executando suas especialidades (carpintaria, encanamento etc.) e assim por diante.

- Abrirei mão de algumas "exigências" das casas americanas, como o porão; assim, minha empresa construirá casas com mais rapidez e economia.

Isto é mais do que uma estratégia de negócios. Na verdade, esta é a história de um gestor que impôs uma nova filosofia a todo um setor do mercado e criou um dos maiores sucessos comerciais do pós-guerra: a construção de uma comunidade inteira – Levittown, Nova York – que ainda é um testemunho da força da declaração de uma guerra a si mesmo e contra a mentalidade tradicional que pode imobilizá-lo.

ESSA CAPACIDADE DE ABRAÇAR uma idéia totalmente nova sempre foi de importância fundamental para mim. Lembro-me de quando meus filhos estavam terminando a faculdade e prestes a entrar no mundo dos negócios. Eu os aconselhei a lutar contra isso logo de início.

Após a formatura, vocês arranjarão um emprego que representará seu início de carreira. Em seu primeiro dia de trabalho, a empresa colocará uma encadernação em sua mesa com o título:

ACME MANUFACTURING
Normas e Procedimentos

Leiam este documento com muita atenção, não com o objetivo de obedecer cegamente cada regra ali escrita, mas tentem encontrar as normas e os procedimentos que NÃO fazem sentido, que estão ultrapassados ou que vocês acreditam que podem melhorar. Depois, quando chegar a hora, MOSTREM AS GARRAS. Demonstrem à administração que descobriram um método melhor. Os seguidores das normas e dos procedimentos obterão boas avaliações de desempenho. Você passará a chefiá-los. (Meus filhos seguiram esse conselho claramente na vida profissional. São jovens líderes de empresas renomadas no setor de imóveis e participação acionária em empresas de capital fechado.)

Desafiando o oximoro da sabedoria convencional

2

Aquele foi um dia atípico na American Express Financial Advisors. Um jovem e brilhante gerente – 30 anos, bacharel em Finanças pela Universidade de Boston – dizia algo muito importante para a sua equipe de subordinados diretos.

Atípico porque, durante meus inúmeros LONGOS dias nesse posto da Amex, em Minneapolis, o típico tema das reuniões com os integrantes do médio escalão poderia ser classificado como baboseira burocrática:

- "Vamos demonstrar nosso compromisso em ampliar a gama de treinamento."
- "Quero que todos vocês se esforcem ao máximo para garantir a colaboração mútua entre os integrantes da equipe."
- "Lembrem-se de que a coisa mais importante em nossa empresa é a integridade."

Isso é o suficiente para você ter vontade de pegar um elevador até a recepção e sair correndo do prédio o mais rápido possível.

Mas naquele dia, Owen, o gerente, falava sobre algo que realmente fazia sentido no mercado.

"Nossa força de vendas está focada em cada segmento de mercado, menos nas pequenas empresas. Vendemos para executivos, donas-de-casa, recém-casados, solteiros e idosos. Vendemos para todo mundo, exceto para o maior segmento existente no mercado. O que oferece as oportunidades mais expressivas. O segmento de pequenas empresas."

"Quando se trata de vender nosso seguro de vida e fundos mútuos, não há nada de *pequeno* nas pequenas empresas. Os proprietários de negócios desse porte têm *muita grana*, graças a seu alto faturamento líquido, e precisamos conquistar uma parcela maior do que a mísera fatia que detemos desse mercado no momento. Somos fracos nesse nicho porque nossos consultores, praticamente todos os nossos nove mil representantes, têm medo dos pequenos empresários. Como temem ouvir perguntas às quais não têm resposta – como questões sobre fluxo de caixa, depreciação e contratos de compra e venda –, evitam esse risco e vendem para qualquer outro público-alvo. Entretanto, o resultado final é desfavorável para nós. E temos de mudar isso. Como executivo deste departamento, planejo abrir o caminho."

Mas como Owen faria isso? Continuou a conduzir a equipe. "Não me entendam mal. Não vou microgerenciar o pessoal de vendas. Esse método costuma representar um tiro pela culatra. Em vez disso, quero que nossa organização crie um programa de treinamento que ensine os vendedores a abordar e conquistar as pequenas empresas sem temê-las. Desenvolveremos o treinamento e deixaremos o restante por conta deles."

Por que Owen escolheu esse caminho passivo para combater um ponto fraco que estava custando uma fortuna à organização? Um caminho que evitava o contato direto com o pessoal de vendas. Um caminho que não batia de frente com ninguém. Um caminho que assumiria o formato de um documento chamado Programa de Treinamento, que a força de vendas (sempre mais interessada em visitar clientes potenciais do que voltar ao banco da escola) evitaria como uma praga.

Por quê? Veja o que disse o próprio Owen. Ele não iria "microgerenciar". Ou seja, ele não pretendia pedir a alguns Consultores de Finanças da Amex, que realmente sabiam como vender para as pequenas empresas, que orientassem os colegas de maneira ostensiva. Ele não pretendia mudar a estrutura de comissões para desviar a força de vendas em direção a um segmento de clientes potenciais mais lucrativo. Ele não pretendia dizer aos vendedores para quem deveriam vender nem ameaçá-los, caso não seguissem as diretrizes corporativas.

Pergunto novamente: Por quê? Porque isso seria "microgerenciar" e, segundo o senso comum, seria algo terrível. Um sinal certo de gestão equivocada e antiquada. Um caminho certo rumo ao desastre. Uma premissa cravada na história de cada empresa e em cada texto sobre administração criado até hoje.

E é justamente isso o que me irrita em relação à sabedoria popular.
Isso mesmo, a sabedoria.

Como alguém pode argumentar com a sabedoria? E o que isso tem a ver com declarar guerra?

Bem, a questão é quais são as bases da sabedoria. Só porque alguém diz que uma idéia é baseada na sabedoria, isso não significa que seja algo realmente sensato ou importante para o processo de gestão. Na verdade, pode ser uma sabotagem.

Veja as definições da palavra *sabedoria* tiradas do *American Heritage Illustrated Encyclopedic Dictionary*:

Compreensão clara do que é verdadeiro ou correto, geralmente adquirida por longa experiência, diferentemente do conhecimento parcial ou especializado.

Aprendizado acumulado; erudição.

A primeira definição é importante porque enfatiza a identificação da verdade por meio da *compreensão clara*. Agir com base nessa verdade visionária – por mais duro e difícil que seja – é de importância vital para um processo decisório sensato. E para uma administração sólida e esclarecida.

A segunda definição tem mais a ver com coleta e preservação de informações e observações do que com exatidão. Pense nisso como o musgo que se acumula nas pedras.

Simplesmente porque um fato foi aceito e transmitido como certo durante séculos, não quer dizer que seja a expressão da verdade. Ele apenas faz parte do senso comum, que costuma ser a coisa mais distante da verdade.

Justamente por ser incutida em nossa mente desde que somos crianças, é tão difícil nos afastarmos da sabedoria popular. Pior que isso, podemos nos acostumar com o frágil pilar que sustenta o senso comum desde cedo em nossa vida e começarmos a aceitá-lo na íntegra, acreditando em todas as suas aparentes verdades sem questioná-las.

Veja este caso. Você ouviu desde pequeno que não existem dois flocos de neve iguais. É possível que você tenha ouvido essa afirmação muito cedo e nunca tenha contestado sua veracidade. Em vez disso, passou a achar a idéia emocionante e divertida. Cada floco de neve cai com uma assinatura exclusiva do céu.

Mas pense nisto:

• Você não sabe se esse *senso* comum é verdadeiro. Ninguém sabe. Ninguém pode saber. Há trilhões de flocos de neve em uma única nevasca. Alguém se deu o trabalho de verificar se os flocos são iguais? Acho que não! E veja você

– uma pessoa inteligente – repetindo (e, o que é pior, acreditando) um clichê que pode ser totalmente falso. A questão é: Esse tipo de fé cega altera sua visão nos negócios?

• Mesmo que o próprio Einstein pudesse ressuscitar e viver o suficiente para provar irrefutavelmente que cada floco de neve é único, você estaria perdendo outro ponto importante. A estrutura física de cada floco não importa. Mais importante é que, combinados em uma massa natural, branca e fria, os flocos formam uma formidável paisagem. De beleza rara para alguns; triste e abominável para outros. De qualquer forma, é a nevasca e seu desfecho que contam, não os flocos que a compõem.

A mensagem subliminar deste capítulo é desafiar o *senso comum*. Observe atentamente e verá que os preceitos considerados sábios costumam não passar de mentalidade ultrapassada disfarçada de verdade. O senso comum é um conjunto de premissas que, após anos sem o questionamento de mentes criativas, adquiriram o status de verdades absolutas e incontestáveis que venceram a ação do tempo, exatamente porque foram incutidas em tantas mentes que passaram a ser consideradas como verdade. Mas tudo o que efetivamente demonstraram foi que se mantiveram em vigor.

Há séculos, o senso comum no setor de varejo afirma que o único modelo eficiente para o sucesso é construir lojas de tamanho proporcional ao do mercado em que atuam. Com base nessa verdade aparentemente incontestável, Podunkville teria apenas micromercados de 150m² e Gotham, lojas do tamanho de um campo de futebol. E todo mundo acreditou nisso, seguiu as regras e orou no altar da proporcionalidade até que Sam Walton entrou em cena, deu uma guinada de 180 graus e abriu hipermercados em Podunkville. Quando jogou uma torta na cara do senso comum, Walton fez algo que ninguém imaginou que conseguiria: transformou mercados pequenos em grandes usando o estilo de galpão para atrair consumidores. (Sam Walton não deu ouvidos à sabedoria popular. Tampouco o fez Walt Disney quando investiu uma fortuna num pântano na Flórida com o sonho de transformá-lo em um destino global. Muito menos Michael Dell, quando foi convencido de que poderia competir contra a IBM antes de ter uma marca, um grande cliente ou uma fábrica de verdade.)

O senso comum gera casos comezinhos em torno de conceitos importantes e distorce a verdade de maneira tão terrível que os gestores adeptos a ele não acreditam que são capazes de ter idéias inovadoras. E são as grandes descobertas que impulsionam o sucesso pessoal e corporativo. E é exatamente por isso que o musgo precisa ser removido das pedras e classificado como o que verdadeiramente é: uma camuflagem.

Veja este caso. O senso comum diz que empresas excepcionais, de pequeno ou grande porte, devem tomar decisões com base no consenso. Veja meu exemplo. Ouço clichês todos os dias. É como se Deus tivesse decretado que esses conceitos são os alicerces do processo gerencial.

Quase todas as empresas com as quais trabalhei, da Smith Barney à Nike, têm seu jeito sentimentalóide, do tipo "somos-todos-parte-da-mesma-equipe", de expressar a dita importância de chegar ao consenso. Coloque as crenças de todo mundo num caldeirão e a poção mágica sairá mais ou menos assim:

Se as equipes são formadas para planejar iniciativas, definir uma direção em comum acordo e identificar meios para alcançar os objetivos, trabalharão juntas para enfrentar os desafios.

Mas acontece justamente o contrário. Veja o motivo: quando uma cultura corporativa incentiva e recompensa o consenso, quase todo mundo reconhece que o caminho mais curto para o sucesso é aceitar a opinião da maioria, em vez de desafiá-la. E a opinião da maioria pode simplesmente ser a visão que os ícones do passado ou que as pessoas mais poderosas impingiram à unidade de negócios. Não importa quem está certo, quem vê a verdade ou quem consegue comprovar sua veracidade. O que importa é que todos agem como cordeiros, marchando em uníssono.

Você sabe com que freqüência já disse ou ouviu os outros dizerem: "Vamos chegar a um consenso em relação a isso." Mas por quê? E por que vocês não dizem: "Estou determinado a descobrir a verdade, que é a melhor coisa a se fazer agora, e seguir nessa direção, mesmo que os outros considerem o senso comum um caminho mais seguro?"

Quando os japoneses atacaram Pearl Harbor e os Estados Unidos se viram envolvidos na Segunda Guerra Mundial, Franklin Delano Roosevelt teve de enfrentar o espesso muro da sabedoria popular. Mas ele o atravessou com um tanque.

Amontoados no Salão Oval, os principais militares da nação aconselharam o presidente a embarcar no maior empreendimento da construção naval jamais realizado. Os generais e os almirantes concluíram que os Estados Unidos venceriam a guerra dominando os mares. Durante séculos, as nações venciam as guerras desse modo. E, de acordo com a opinião da maioria sobre aquele dezembro sombrio, o país ganharia a guerra assim. Estavam certos disso.

Mas Roosevelt sabia que não fora eleito para ser um pastor. O povo americano não queria o consenso. Queria salvar a democracia. Destruir os nazistas. Derrotar os japoneses. Depois de refletir e ouvir vozes corajosas que desafiaram o senso comum, Roosevelt realmente decidiu entrar num empreendimento sem precedentes, mas, em vez de optar pela engenharia naval, decidiu apostar na construção de aviões. O então presidente chegou à conclusão de que a sabedoria convencional estava ultrapassada e, ao contrário do que alegavam seus ardorosos defensores, os Estados Unidos venceriam a guerra pelo ar. E foi o que aconteceu. Essa única decisão foi a mais importante de todo o conflito. Uma síndrome semelhante acontece nos negócios atualmente. A cada instante, na verdade. Agora mesmo, centenas ou milhares de gestores têm a opção de fundamentar suas decisões (grandes e modestas, em grandes corporações ou microempresas) no senso comum ou na reflexão racional e esclarecida. A última é sempre a escolha mais adequada. O que acontece quando as empresas caem na armadilha de seguir exclusivamente a sabedoria popular? Elas param de questionar. Acreditam que, como seguem um modelo empresarial bem-sucedido, tudo se manterá como está. O pessoal da Howard Johnson acreditava que os restaurantes de beira de estrada, que ofereciam refeições gordurosas e inúmeros sabores de sorvetes e guloseimas no esquema de bufê, dominariam as rodovias enquanto os americanos mantivessem sua paixão por levar a família a restaurantes de preço único e comida à vontade. Os executivos da Woolworth's usavam o mesmo tipo de cabresto. Eles juraram sobre uma pilha de Bíblias que as onipresentes lojas de descontos – comandadas por solteironas macambúzias vendendo quinquilharias de mau gosto a um preço único, sem estilo nem personalidade, tampouco marca – dominariam o setor de varejo *low-end* (de baixo custo) só porque "isso tem funcionado há décadas".

Eles acreditavam que, quando os consumidores entram em determinada órbita, permanecem congelados nela. Embasbacados com o sucesso atual, acreditaram facilmente no consenso geral de que os palácios da comilança e os paraísos dos descontos durariam para sempre. Mas deixe-me fazer uma pergunta: Você levaria sua família a um restaurante do estilo do Howard Johnson? Quando você muda de cidade, logo procura saber qual é a loja de descontos local? É claro que não. O triste é que a Woolworth e a rede de restaurantes (e todas as outras relíquias do passado que tiveram destinos semelhantes) não precisavam ter caído no esquecimento. A decadência ocorreu porque a cultura empresarial de cada uma delas não permitiu que os ocupantes de cargos executivos pronunciassem estas palavras perigosas (porque desafiariam o *status quo*):

- "Talvez tenhamos algo a aprender com o McDonald's."
- "Talvez as pessoas não queiram mais um balcão de alimentos nas lojas de descontos."
- "Talvez tenha chegado o momento de vender marcas nacionais."

Empresas dirigidas pelo consenso lembram-me de uma piada que meus colegas e eu costumávamos contar quando estávamos no ensino fundamental de uma escola do Queens, em Nova York.

Três idiotas andavam pela rua. Um deles viu uma coisa parecida com cocô de cachorro. Ele se aproxima e diz:
"Parece cocô."
Então, o segundo abaixou-se e confirmou a descoberta:
"Tem cheiro de cocô."
O terceiro paspalho bate o martelo fazendo seu próprio teste:
"Tem gosto de cocô. Ainda bem que não pisamos."

O fato é que decisão unânime simplesmente não existe. Trata-se de um oximoro: um acordo mal disfarçado para NÃO ter de se tomar decisão alguma. Um pacto segundo o qual todos concordam em fazer a coisa errada, cientes de que (com base no *senso comum*) isso é melhor (leia-se: *socialmente mais aceitável*) do que ter um líder forte e decidido declarando o que acredita ser a direção certa a tomar.

Em empresas baseadas no consenso, um chefe enérgico, que age de maneira unilateral, pode ser visto como autoritário, arrogante e insensível. Para os defensores do consenso, esse tipo de líder não parece democrático.

Mas espere um pouco! As empresas não têm de ser democráticas. Uma tomada de decisão numa empresa não precisa ser nenhuma assembléia municipal. A liderança eficaz surge quando alguém de peso avalia os fatos e decide o que e como fazer. O consenso ocorre quando o ímpeto oportunista e individualista, que faz com que as grandes empresas vençam no mercado, é substituído pela cultura politicamente correta. Além disso, em relação a cada organização com a qual trabalhei, posso dizer com absoluta convicção que a cultura vigente leva à decadência certa e à inevitável morte.

Ignore o adágio de que o camelo é um cavalo projetado com base no consenso entre os membros de um comitê. Já ouvimos isso demais. Se você quer um exemplo vivo da "Consensolândia", passe um dia na ONU. Você verá uma organização sem liderança, sem rumo, que gasta fortunas e não faz nada além de impulsionar a economia de Nova York (está aí uma coisa boa – fico feliz por isso), graças à inclinação dos diplomatas de fazer contas enormes na Barneys e no Cipriani.

Consenso uma ova! O consenso nas Nações Unidas é não concordar com coisa alguma. As Nações Unidas tiveram uma atuação coordenada no Oriente Médio? Detiveram o genocídio em Darfur? Adotaram uma postura ativa contra o terrorismo? Não, não e não. Em vez disso, seus integrantes mantiveram debates intermináveis em busca do consenso sobre questões complexas e nada receptivas a exibições poéticas de unanimidade. O mesmo é válido para o mundo dos negócios. Na verdade, de várias formas, as Nações Unidas são o retrato do processo decisório de milhões de empresas. Mesmo que você seja um gestor novato, já deve ter visto isso inúmeras vezes, uma pior que a outra.

- A política corporativa que tem sido tema de debate há anos. (Devemos abrir um escritório na China? Chegou o momento de terceirizar as tarefas que não podemos dominar internamente?)

- O chefe do departamento que não pretende ou não consegue tomar decisões difíceis, mas ninguém faz nada a respeito. (Chegou a hora de substituir um fornecedor que deixa a desejar constantemente?)

- O CEO que insiste em tomar decisões sem o apoio dos diretores porque essa seria uma atitude "ruim".

Em um período de dificuldades, um dos diretores de uma seguradora líder do setor reconheceu que a empresa precisava urgentemente de novos produtos. O mercado de seguros de vida estava mudando de forma drástica e a seguradora não conseguia atender às reivindicações da força de vendas (e, por conseguinte, de clientes antigos e potenciais).

DIRETORIA: "Estou pessoalmente incomodado por não conseguirmos criar novos produtos, e precisamos resolver isso agora!"

MS: "Nossos concorrentes – MetLife, Prudential e Mass-Mutual – estão criando um produto novo atrás do outro. Por que nós não conseguimos?"

DIRETORIA: Porque o cretino do cara de novos produtos não se mexe.

MS: E por que vocês não o obrigam a se mexer?

DIRETORIA: Tentamos de tudo.

MS: Que tal substituí-lo por alguém que dê conta dessa missão crucial?

DIRETORIA: Isso seria um problema.

MS: Problema é o que vocês têm agora. Três mil vendedores sem um portfólio completo de produtos.

DIRETORIA: Eu sei. Eu sei. Mas não podemos substituir Arnie. Todos os outros executivos gostam dele e o protegem. Não podemos arcar com o ônus de uma discórdia interna. Não é assim que se administra uma grande empresa como esta. Tudo é muito mais fácil quando agimos em consenso.

Mais fácil? Quem foi que disse que administrar qualquer coisa é tarefa fácil? Pacífica? Agradável? O fato é que, em geral, é uma missão solitária e você precisa estar apto a agüentar isso. Quase todas as grandes empresas, unidades de negócios ou departamentos foram e são dirigidos por um verdadeiro leão dotado de visão e determinação singulares para comandar (por consenso ou não).

Steve Jobs é um conciliador? E Henry Ford? Lee Iacocca? Michael Eisner? Mary Kay Ash? Estée Lauder? Não! O máximo que esses gestores extraordinários faziam em relação ao consenso, quando muito, era fingir que o aceitavam. Viam oportunidades, organizavam os recursos e agiam. Para tanto, precisavam ter a convicção e a coragem para exigir que todos na empresa seguissem seu comando. Diferentemente do que pensam as Nações Unidas, a IBM dos anos 80 e a GM da atualidade, é preciso terminar o debate e fazer com que os funcionários (inclusive os seus) sigam a estratégia do gestor. É claro que eles podem contribuir com opiniões e alertas – e o gestor (você) deve estar aberto a tudo isso –, mas nunca com o objetivo de chegar a um consenso geral. Aja assim apenas visando a melhorias interativas na estratégia e, caso as contribuições demonstrem falhas na tática proposta, esteja disposto a modificá-la.

Pense nas pessoas que você chefia. A sabedoria popular diz que cada um é alguém único. Essa premissa pode ser verdadeira, mas (a exemplo dos flocos de neve) não foi comprovada e é inteiramente abstrata. O que mais importa para o sucesso da empresa é como elas funcionam enquanto força de trabalho. Como gestor, sua missão é fazer com que elas trabalhem como a First Marine Division (primeira divisão do corpo de fuzileiros navais dos EUA): Ninguém faz um trabalho tão bem-feito quanto eles.

Muitos dos clichês que distorcem a percepção gerencial, e o processo decisório que dela emana, são baseados em ilusões profundamente arraigadas. Quando você declarar guerra a si mesmo e à empresa, será vital atacar essas idéias equivocadas e agir de maneira decidida.

Idéia equivocada: Cada unidade de negócios é composta de centenas de iniciativas estratégicas e táticas. A missão do gerente é entender todas elas e certificar-se da existência dos recursos necessários para que dêem certo.

Não. A missão do gerente é fazer com que a unidade de negócios cresça. Agindo assim, você perderá seu tempo empenhando-se em entender, e se certificar, e blablablá, enquanto a empresa permanece estagnada. Uma vitória pífia, sem dúvida.

Ao declarar guerra, tenha em mente a importância vital de identificar algumas forças poderosas que possam alavancar sua unidade de negócios de maneira excepcional no mercado. Se você estiver vendendo sapatos para a varejista americana Foot Locker, é melhor ter uma força de vendas à altura do time de vendas da Nike. Sim, produção, finanças, publicidade são fatores importantes e que demandam atenção, mas a maior parte de seu tempo e talento deve ser dedicada a recrutamento, treinamento e motivação dos melhores vendedores do setor.

Em vez de julgar sua organização como uma combinação de elementos, considere-a uma empresa dinâmica cujo destino será baseado em dois propulsores de importância crítica para o crescimento:

1. Bloqueio e domínio
2. Oportunidades de conquistas revolucionárias

Pense no caso de uma rede de cinemas cuja maioria das salas está localizada no noroeste dos Estados Unidos. A atividade principal depende de seus sistemas operacionais. Ou seja, salas bem localizadas, limpas e que exibam filmes atuais a preços competitivos. Bloqueio e domínio. Consiga os filmes, limpe os corredores e mantenha a pipoca quente. Essa fórmula produz um faturamento anual de US$120 milhões.

Isso vale para qualquer rede de cinemas (e também para quase todo tipo de empresa). Depois de construir as salas e adquirir os direitos de exibição dos principais filmes (ou seja, estabelecer a infra-estrutura), basta abrir as portas e esperar o dinheiro entrar no caixa.

A primeira coisa a ser feita é usar a tática de bloqueio e domínio num padrão mais alto do que o normalmente utilizado no setor (que costuma ser abismal). Veja o que é necessário:

- A melhor seleção de filmes.
- Horário de funcionamento compatível com o estilo de vida dos clientes.
- A facilidade de adquirir ingressos por telefone e pela Internet.
- Bilheteiros e atendentes educados.
- Uma *bonbonnière* com boa variedade de produtos.
- Amplo estacionamento.

Como utilizou essa tática de bloqueio e domínio com excelência, meu cliente da rede de cinemas conseguiu aumentar o faturamento em 5% ao ano. Nada que tenha abalado Wall Street, mas esse crescimento lento e contínuo é de importância crucial, pois impulsiona o faturamento e força a empresa disciplinar-se em manter uma administração profissional, atraente e competitiva.

Para entender a importância do bloqueio e do domínio em uma organização, pense no outro lado da questão. Quando o gestor não dá a devida importância a essa estratégia e acredita que "é só abrir as portas" e o faturamento de US$120 milhões (ou a cifra que sua unidade fatura apenas "abrindo as portas") estará *garantido*. Mas, então, o barco fura e os US$120 milhões passam a ser US$115... US$111... US$96... US$93... US$89... Lenta, porém inexoravelmente, a empresa estará fora do mercado.

Esse era o cenário que a empresa enfrentava. Sim, pode ter certeza de que a estratégia de bloqueio e domínio foi a responsável. Salas malcuidadas, falta de venda de ingressos on-line, bilheteiros mal-humorados e segurança precária afastaram os clientes e, conseqüentemente, as vendas e o faturamento. Em menos de três anos, a outrora empresa próspera passou por uma transição dura: de uma rede bem administrada e rentável para um conglomerado que ruiu lentamente rumo à falência.

Esse é um exemplo muito comum do gerente-geral crente que, como a empresa apresenta um bom desempenho há décadas (neste caso, com base na convicção plena do fundador, refestelado numa almofada bordada no sofá de sua sala, de que "os lucros estão nos detalhes"), continuará assim eternamente. Quando essa fé cega substitui a disciplina gerencial, a empresa desaba. No caso dessa rede de cinema, as antigas salas impecáveis, que prometiam aos clientes duas horas de lazer, tornaram-se sujas e perigosas. A bilheteria desmoronou, assim como o balanço patrimonial.

Empenhada em restaurar o brilho da rede – e promover uma reviravolta no processo –, em vez de enfatizar as inúmeras questões convencionais, a nova administração concentrou-se em dois aspectos importantes: bloqueio e domínio, e oportunidades inovadoras.

Em resumo, reformaram as salas, passaram a oferecer novos horários e inúmeras promoções, além de investir pesado na divulgação da notícia de que os velhos tempos estavam de volta. As salas estavam impecáveis e seguras, a rede bateu recordes de vendas e esquematizou descontos promocionais para cada segmento do mercado. Em três meses, as receitas começaram a aumentar novamente. Embora uma série de melhorias tenha viabilizado a virada, cada iniciativa faz parte de uma excelente estratégia de bloqueio e domínio. O gestor da revitalização desafiou a idéia equivocada de que deveria tratar de 101 assuntos ao mesmo tempo. Reconheceu que duas alavancas poderosas determinariam o destino da empresa – bloqueio e domínio, e oportunidades inovadoras – e enxergou cada ação sob essa perspectiva. Desse modo, conseguiu ter uma missão relativamente simples a cada dia, que consistia em substituir o antigo estilo de gestão a fim de fazer com que a empresa voltasse a crescer:

- Garantir que as pessoas estivessem trabalhando excepcionalmente bem.
- Garantir o descobrimento de novas fontes de receita.

Para cumprir essa última missão, o gestor teve de identificar iniciativas estratégicas capazes de levar a um crescimento notável:

- Aquisição de redes de cinema da concorrência.
- Diversificação em outros negócios no ramo do entretenimento.
- Expansão por meio de investimentos em novas salas.

Em quatro anos, o novo gestor atuou em todas essas três frentes, além de promover a importante iniciativa de agregar parques temáticos ao mix de ativos de diversão. Embora a estratégia de bloqueio e domínio continuasse a alavancar continuamente a base de faturamento, a celebração de acordos vantajosos duplicou o tamanho da empresa e aumentou em seis vezes os lucros.

É claro que havia muito mais riscos na busca por oportunidades revolucionárias do que em elevar o padrão de execução. Mas o gestor tomou precauções fundamentais para limitá-los:

- A marca da rede de cinemas foi aplicada aos parques temáticos, ajudando a fixá-la ainda mais na mente do consumidor e a aumentar a base de clientes.
- Os locais dos parques temáticos foram limitados ao noroeste, onde a empresa entendia melhor a dinâmica do consumidor.
- Vários elementos da estratégia de execução dos cinemas foram aplicados aos parques temáticos.

A fusão entre as táticas de bloqueio e domínio e oportunidades revolucionárias criou a plataforma para um processo vigoroso de reestruturação da empresa. Ao analisar sua unidade de negócios, lembre-se de rejeitar a idéia equivocada de que é necessário concentrar os esforços em centenas de desafios ou trilhões de flocos de neve exclusivos, e estruture sua missão no contexto de poucas alavancas que causam um impacto assimétrico no mercado.

Idéia equivocada: As *grandes* empresas do setor definem o padrão de excelência. Elas dominaram os elementos de design, produção, distribuição, qualidade e inovação de tal forma que há muito pouco a fazer a não ser admirar seus feitos e adotá-los como *o padrão* de crescimento de sua empresa.

Nada disso! Analise mais atentamente e verá que as *grandes* empresas de qualquer setor não são tão formidáveis quanto alardeia sua publicidade exagerada. Na melhor das hipóteses, são apenas maiores ou maquiadas por suas marcas multibilionárias. Operando com base no sucesso do passado, as gigantes deixam de elevar seu padrão de desempenho. Ao contrário, deitam no berço esplêndido (até se tornarem vítimas da ausência da estratégia de bloqueio e domínio) com o rótulo de "Padrão de Excelência".

A verdade é que elas deixam uma enorme margem para aprimoramento. Mas não se trata de criticá-las. O importante é rejeitar o *senso comum* que circunda a superioridade das grandes marcas e, em vez de imitá-las, descobrir um modo de superá-las. Essa atitude será como um trampolim a impulsionar seu sucesso profissional e o de sua empresa.

Como todos os gestores excepcionais, você precisa de uma estratégia para se destacar. Para conquistar uma reputação. Para tornar-se um herói. Uma lenda. Foi isso o que fez David Neeleman da JetBlue. Ele enxergou além da concepção equivocada quanto à invencibilidade da concorrência e reconheceu que os "cachorros grandes" eram garotos disfarçados em meio a muita espuma e pouco conteúdo – e muito vulneráveis. Sim, a American, a Delta e a United tinham:

- Mais aviões.
- Mais rotas.
- Mais dinheiro para investir em marketing.
- Mais oportunidades de paparicar os clientes concedendo pontos, melhorias e viagens gratuitas, por meio dos programas de milhagem.

Mas Neeleman também reconheceu que a concorrência tinha:

- Mais comissários de bordo mal-humorados.
- Mais cabines sujas.
- Mais bagagens perdidas.
- Mais comida intragável.

Então, o empreendedor criou um novo padrão com uma série de exclusividades que os passageiros adoram:

- Televisão gratuita.
- Lanches que superam os tradicionais amendoins e rosquinhas.
- Comissários de bordo que ainda sabem sorrir.
- Verdadeiras pechinchas sem restrições.

Em questão de meses, a novata JetBlue passaria a ser *o padrão* que os Golias, como a excelente Southwest Airlines, do setor copiariam.

Agora é sua vez. Comece atacando e vencendo os Padrões de Excelência. Para vencer, você pode: (a) identificar em que ponto os padrões deixaram de ser excelentes, e (b) superar amplamente a regra de ouro supostamente definida por tais padrões.

Veja este caso. Os gestores do setor hoteleiro americano dirão que o Ritz-Carlton e o Four Seasons são quem define o padrão em atendimento ao cliente. Dê uma espiada nas conferências do setor e ouvirá um palestrante após o outro citar essas marcas como ícones, pois entendem os clientes e superam a concorrência em satisfação e retenção da clientela.

A suposta superioridade do treinamento do pessoal do Ritz é um tema comum. Dizem que ninguém chega perto de ensinar a equipe a cumprimentar e atender os visitantes tão bem quanto a organização Ritz-Carlton. Desde que o grande hoteleiro César Ritz desenvolveu sua famosa filosofia de atendimento "Diga a seu pessoal que o céu é o limite e, se não o alcançarem, que continuem tentando", o Ritz ficou com a faca e o queijo na mão para criar uma experiência inigualável para o cliente. Durante décadas, os executivos do setor de hospedagem apontaram o Ritz como uma organização extraordinária que os concorrentes deveriam estudar e imitar.

Que objetivo mais idiota! Por que você imitaria alguma coisa? Você quer arrebentar a concorrência, não importa quão formidáveis seus produtos ou serviços pareçam ser a distância.

Imagine que o setor de hospedagem siga uma classificação de atendimento de A+ a F. O Ritz é amplamente visto como detentor do padrão mais alto nesse espectro de qualidade.

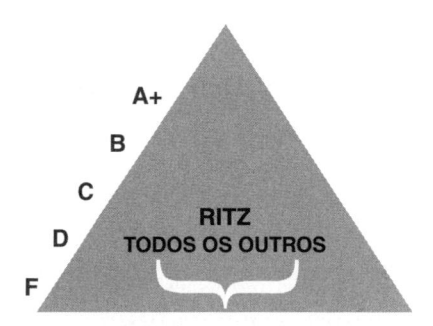

Não! Não! Nada disso! Gastei dezenas de milhares de dólares em vários hotéis Ritz nos últimos anos. Fiquei em suas suítes, perdi milhares de dólares em seus cassinos, bebi vinho espumante e martínis, e comi dúzias de filés-mignons. Adivinhe? O hotel *padrão-ouro*:

- Nunca envia uma nota de agradecimento pessoal.
- Nunca convida o hóspede a retornar.
- Nunca retribui minha fidelidade como cliente.

Por quê? Porque, como a maioria das empresas vistas como detentoras do padrão-ouro, este é o verdadeiro lugar do Ritz no espectro de qualidade:

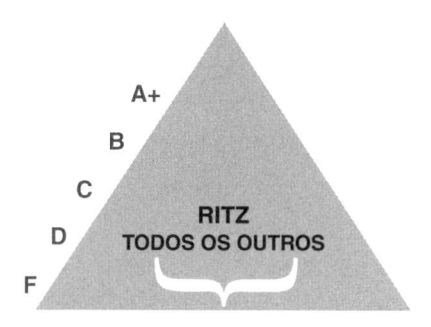

```
        A+
      B
    C
  D      RITZ
       TODOS OS OUTROS
 F
```

Essa disparidade entre o padrão aparente e o real significa uma coisa para os guerreiros dos negócios: oportunidade. Em vez de presumir que as empresas padrão-ouro são as que devem ser imitadas, considere-as como aquelas que você deverá superar. Você as terá em alto conceito somente se compartilhar de sua visão limitada em termos de potencial de surpreender, agradar e cortejar clientes e consumidores.

Veja este exemplo. Stein Eriksen Lodge é um excepcional resort de esqui em Deer Valley, Utah, EUA. Minha esposa e eu esquiamos e passamos férias lá várias vezes. Entretanto, apesar de nossa lealdade, Stein não teve o cuidado de nos dizer que sentia nossa falta e fazer algo especial como enviar uma limusine ao aeroporto internacional de Salt Lake City para nos apanhar na próxima vez em que nos hospedássemos lá.

Para que aproveitasse a oportunidade de passar da categoria bronze para ouro, aconselhei um cliente no setor de hospedagem em estâncias de esqui a tomar uma atitude importante. Quando os hóspedes faziam o *check-out*, sugeri que um funcionário da recepção tirasse uma foto (o marido abraçado com a esposa, radiantes após as maravilhosas férias). Imediatamente, a foto seria transformada em um cartão-postal e enviada aos clientes com a mensagem: "**Estamos com saudades. Esperamos vê-los aqui nos Alpes novamente neste inverno.**"

Um único passo na transição do bronze para o ouro.

Desafie a idéia equivocada de que as grandes empresas já inventaram tudo, e você descobrirá inúmeras formas de elevar os padrões.

Idéia equivocada: É perfeitamente aceitável entrar no mercado com um produto bom, com uma bela embalagem e um preço acessível. Isso abrange tudo.

Não, não, mil vezes não. Dê uma volta pelos corredores do supermercado: as prateleiras estão lotadas de bons produtos, com belas embalagens e preços acessíveis. Há inúmeras marcas de atum, produtos de limpeza, sorvetes etc. Talvez seu produto ainda não esteja lá e, se estiver, talvez não esteja vendendo bem. Para atingir estas metas (distribuição e vendas), você deve ir além dos elementos básicos de boa qualidade, apresentação e preço. É necessário acrescentar algo ao mix que torne o produto ou serviço muito mais atraente do que a soma de suas partes. Afinal, sua missão como gestor não é *torcer* para que os clientes comprem seus produtos ou serviços, mas sim *garantir* que o farão. Ao mudar para essa nova perspectiva, reconheça que produtos bons, bem embalados e de preços acessíveis não têm nenhum diferencial. Esses atributos podem até permitir a entrada de seu produto ou serviço no mercado, mas não garantem sua sobrevivência.

O que você precisa fazer para manter-se no mercado? Quando a IBM formou uma equipe para lançar o que seria uma campanha pioneira de marketing voltada para as pequenas e médias empresas, sugeri que aumentássemos o poder de fogo da propaganda com uma oferta arrasadora. A princípio, todos concordaram.

Semanas depois, estávamos juntos em uma sala de reunião da sede americana da IBM em White Plains, Nova York, trabalhando nos termos da oferta. Todos com os olhos fixados nas palavras **"Oferta Arrasadora"** escritas na parte superior do quadro mágico. Um diretor de marketing e o funcionário encarregado de tomar notas naquele dia escreviam as sugestões dos participantes para as **Ofertas Arrasadoras**.

O problema é que não havia nada de **Arrasador** nas idéias apresentadas. Surgiam apenas acordos sem graça, comuns, insossos, facilmente superáveis e que não atrairiam ninguém. As sugestões variavam de descontos de 30% a garantia ilimitada. Propostas interessantes, mas tão batidas que mal chamavam a atenção, em parte porque parece que todo mundo faz ofertas assim (e depois não cumpre exatamente o prometido na hora de fechar o negócio).

Sem dizer uma palavra sequer, levantei-me, fui para o meio da sala, peguei um pincel atômico e coloquei um X na palavra **"Arrasadoras"**.

Então, expliquei.

MS: Não há nenhuma oferta arrasadora aqui. Se não tivermos coragem ou criatividade para apresentar algo realmente arrasador, precisaremos admitir. Podemos nos enganar, mas não enganaremos o mercado. Os consumidores sabem diferenciar muito bem uma oferta sem graça de outra realmente atraente.

Foi o choque de que o grupo precisava. A partir de então, a reunião engatou a quinta marcha. Quando percebi que uma das melhores ofertas na cidade de Nova York consistia em oferecer dois ingressos para uma peça da Broadway pelo preço de um, Steve, responsável pela campanha da IBM, sugeriu que dobrássemos a oferta. E então chegamos à nossa Oferta Arrasadora: para cada compra de um dos produtos em promoção, o cliente poderia escolher outro de valor igual ou superior de graça. E, como um "molho especial", ofereceríamos cupons de 50% de descontos para os amigos e familiares dos clientes.

A idéia emplacou. Não induzimos as pessoas a *querer* os produtos para escritório da Big Blue – software, servidores, laptops, PCs e kits para conexão com a Internet –, e sim a *desejá-los ardentemente*. Além de não diminuir a rentabilidade da empresa, os brindes levaram-na a novos patamares de vendas cruzadas e fidelidade da clientela. A campanha foi um sucesso porque: (a) tornamo-nos mais do que vendedores de tecnologia IBM padrão (em vez de descrever o funcionamento de servidores e similares, concentramo-nos em como agregar valor às pequenas empresas), e (b) criamos uma oferta difícil de superar.

Idéia equivocada: A cultura de vendas de uma empresa deve ser criada pelo gerente de vendas.

De jeito nenhum. Deve ser criada por todos os gerentes. Isso porque todo mundo que trabalha na empresa deve atuar como um vendedor virtual e um catalisador do crescimento da organização.

Para analisar a questão, veja os estacionamentos de Manhattan, aqueles dirigidos por gerentes fixados na idéia de que cada filial lotada o tempo todo significa mais dólares nas caixas registradoras. Em vez de *esperar* que suas garagens batam recordes de ocupação, contratam homens que ficam em pé nas ruas, tremulando bandeiras como outdoors humanos, engabelando e persuadindo cada carro a entrar no estacionamento. Eles entendem que, se algum motorista não estacionar em sua garagem, é porque pretende deixar o veículo em um estabelecimento da concorrência. Portanto, criaram uma cultura de vendas que permeia o negócio. Todos são vendedores.

Naturalmente, a tática dos outdoors humanos não funciona em todo tipo de negócio. Mas a mentalidade por trás desse norte deve ser aplicada a qualquer empresa. Se seu radar mais sofisticado não detectar um traço dela em sua organização ou departamento, cabe a você declarar guerra. Desafiar a cultura. Transformar seu negócio em uma máquina de vendas.

Quando você tomar essa atitude, os resultados serão uma maravilha.

Há pouco tempo, visitei uma loja da Borders no aeroporto de Newark. Entrei para comprar um livro e um CD para me distrair durante o vôo transatlântico. Ao dar uma olhada nos livros, acabei me interessando por um romance de Philip Roth, *Complô contra a América*. Ao fazer uma leitura rápida das primeiras páginas, fiquei hipnotizado pela obra. Quando cheguei ao caixa, uma jovem agradável despertou-me delicadamente do transe. Como a loja trabalhava com American Express, entreguei-lhe meu cartão (com a cara enfiada no livro) e foi então que a funcionária fez algo excepcionalmente impactante. Perguntou-me (sempre muito educadamente): "O senhor precisa de mais alguma coisa?"

Foi aí que me lembrei que também pretendia comprar um CD. Voltei para a loja e a jovem permaneceu no caixa com meu livro de Roth. Alguns minutos depois, voltei ao caixa com o CD *The Very Best of Sheryl Crow* nas mãos e saí da loja para o portão de embarque.

Por trás dessa experiência, reside um dos grandes segredos de administrar o crescimento de um negócio.

Vejamos novamente o que aconteceu na Borders para descobrirmos as implicações do episódio no âmbito de uma rede de livrarias e da unidade de negócios sob sua gestão. A jovem caixa foi treinada para se sentir como a Pessoa Mais Importante da Borders na Interação com os Clientes. A linha de frente viva e atuante da empresa. A *vendedora* atenta e com visão foi capaz de humanizar a experiência de compra, avivar a interação e duplicar o valor de minha aquisição.

Isso nos remete à projeção de uma cultura de vendas. Suponha que a Borders tenha mil funcionários em seus caixas e que cada um deles efetue duzentas transações por dia. Isso totaliza 73 milhões de contatos com clientes ao ano ($1.000 \times 200 \times 200.000 \times 365 = 73.000.000$). Acrescente apenas US$10 de receita extra a cada venda e terá um adicional de US$730 milhões no faturamento.

A moral gritante aqui é: ainda que em lugar algum na descrição de cargo de seus funcionários apareça a palavra *vendas*, treine e recompense todos os integrantes de sua unidade de negócios para assumir a responsabilidade de *vendas* da empresa. De qualquer forma. De todas as maneiras.

Entretanto, isso quase nunca acontece.

Uma das principais agências de viagens dos Estados Unidos conta, em grande parte, com um site para conquistar novos clientes em busca de pacotes turísticos de luxo para as capitais da Europa. Então, pense nisso. As pessoas ouvem a respeito da empresa e acabam convencidas (graças à publicidade/RP/boca a boca/mala-direta) de que podem fazer parte de uma viagem luxuosa para conhecer o mundo, aprender sobre a história da Europa, visitar exposições de arte e ter uma experiência entre várias culturas de um modo que não seria possível em um passeio turístico tradicional. Os clientes potenciais visitam o site da agência e deixam uma mensagem demonstrando o interesse em adquirir os pacotes. Até aqui tudo bem, mas a história tem um desfecho decepcionante, muito embora comum.

Em vez de fazer o possível para converter os *prospects* em clientes efetivos, colocando-os rapidamente em contato com um de seus agentes de viagem, o site oferece ao visitante uma assinatura gratuita do boletim informativo da agência. Um boletim informativo? Os clientes potenciais querem ter contato ao vivo com uma pessoa, confirmar se a opção escolhida será a experiência excepcional que procuram, sacar o cartão de crédito e fazer a reserva. A resposta da empresa: *Qual é a pressa? Leia nosso boletim informativo primeiro.*

Se você for uma pessoa orientada a vendas, terá dificuldade em imaginar uma situação assim. Por que a empresa não faria o possível para transformar clientes potenciais em efetivos? Porque os gestores que costumam administrar o processo nos pontos mais críticos não são orientados a vendas. Como enxergam o mundo pelas lentes operacionais, e não do ponto de vista do cliente, mesmo que o método afaste ou dificulte o fechamento do negócio com o cliente potencial, eles simplesmente deixam esse fator de fora da balança durante o processo decisório.

Quando essa empresa me contratou para avaliar seu processo de vendas, perguntei ao diretor editorial em quanto tempo o boletim informativo é enviado. "Ah, quando o próximo número estiver pronto." Quando o próximo número estiver pronto! Como ninguém se sentia responsável por atuar como um vendedor virtual, ninguém se importava em deixar que a vontade dos visitantes do site esfriasse enquanto aguardavam o processo de publicação do próximo boletim informativo. Uma anomalia preocupante? Preocupante sim, mas nem um pouco incomum. Esse tipo de complacência é o procedimento operacional padrão em quase todas as empresas. A maioria das organizações aceita o senso comum segundo o qual a responsabilidade dos webmasters, gerentes de CRM e até mesmo especialistas em atendimento ao cliente limita-se às suas respectivas funções. Eles não têm de vender nada.

Sem querer, essa perspectiva coloca os clientes potenciais nos braços da concorrência porque a empresa não se liberta do erro de afastar os *prospects* com um campo de força. Isso não vende. Essa atitude é como esperar que os pacotes vendam-se por si. Pense nisso como complacência ao quadrado. Enquanto a empresa assume essa posição passiva, concorrentes mais agressivos ficam à vontade para ir atrás dos clientes potenciais e atraí-los para o seu portfólio. A confiança de que os *prospects* acharão sua oferta tão irresistível que você nem precisa vendê-la é um falso senso de segurança.

Já que estamos falando em vendas, vamos colocar por terra outra perigosa idéia equivocada. O vasto universo dos chamados *coaches* em vendas diz que, quando você atende a uma chamada de vendas, é melhor falar ao futuro cliente o que ele deseja ouvir: que a empresa deles é maravilhosa, que eles não parecem ter problema algum, que deveriam ter orgulho do que construíram ou possuem. E assim por diante...

De jeito nenhum. Sempre que um vendedor entra na sala, o cliente potencial espera um "malho de vendas". Está pronto para ser importunado. Manipulado. E para acabar rejeitando a oferta. Na verdade, preparam-se para rejeitá-la antes da chegada do vendedor. E o que faz o *vendedor*? Exatamente o que o *prospect* espera. O vendedor prepara uma cansativa apresentação em PowerPoint, fica em pé, apaga as luzes e coloca todo mundo para dormir. (Quem precisa de sonífero?)

Chegou a hora de declarar guerra ao PowerPoint e a esse papo furado todo de *dizer ao cliente o que ele quer ouvir*. Em vez disso, use uma estratégia de choque de 180 graus, surpreendendo o cliente com algo que ele jamais poderia esperar. Crie uma propaganda, ou apresentação, surpreendente, instigante e que leve o cliente a reavaliar sua opinião em relação ao produto e/ou serviço que você está vendendo. Assim, você, na posição de vendedor, controlará o assunto, o que é crítico para captar a atenção, e acabará efetuando a venda. Já quando o *prospect* está no controle, o vendedor não tem a menor chance. É perda na certa. Pode esquecer de fechar o negócio: o *prospect* já acabou com você.

Veja como a estratégia de choque funciona no mundo real. Um de nossos clientes presta serviços de consultoria que prometem melhorar a eficiência e a produtividade dos processos de fabricação por meio da introdução de uma sólida metodologia de controle de qualidade. Seus concorrentes – e esse é um setor de concorrência acirrada – *vendem* com base em uma conversa maçante, focada em engenharia, a respeito das filigranas dos processos industriais. A coisa toda é tão entediante que qualquer pessoa obrigada a assistir à indigesta demonstração luta contra o desejo acachapante de cair num sono profundo.

Você consegue se imaginar nessa situação? Por pior que seja, o fato de você aborrecer as pessoas não é o cerne da questão. O grave mesmo é que esse tipo de abordagem não apresenta nenhum motivo para o cliente comprar, restando-lhe apenas o preço do produto ou serviço. Por mais que os empresários americanos do setor de supermercados reclamem da *wal-martização* do setor, os clientes potenciais facilmente decidem com base apenas no preço quando ninguém oferece um motivo forte o bastante para atrair seus olhos para outros campos da proposta que não os quantitativos.

Isso nos remete novamente ao elemento-surpresa. Implementamos uma nova abordagem de vendas para os serviços de consultoria de nosso cliente, com base na ousada e heterodoxa afirmação de que **não existe o tal "moderno processo de fabricação"**. Na verdade, isso não passa de um oximoro.

Assim que iniciamos nossa apresentação, os clientes potenciais (todos gerentes de produção, orgulhosos com cada avanço em seus processos de fabricação desde o advento da linha de montagem) menearam a cabeça em descrença. Em repulsa. Conseguíamos ver o vapor saindo da cabeça de cada um deles. Conseguíamos ler os pensamentos deles. *Não existe o tal moderno processo de fabricação. De que diabos estes caras estão falando?*

E então os deixamos acordados, alertas, surpresos, chocados, obstinados e exigindo uma explicação. Em seguida, mostramos a que viemos, confrontando-os com nossa visão de que o processo de produção não mudou nem um pouco desde que a fábrica de Henry Ford, em River Rouge, fabricava os Modelos T. Sim, muitos adventos tecnológicos foram implementados desde que Henry Ford reinventou a indústria e, sem dúvida, hoje a produção em série é mais rápida do que a da fábrica de Rouge, mas o processo é basicamente o mesmo. Em quase um século, a mudança foi evolutiva, não revolucionária. Ressaltamos que ninguém fez à produção industrial o que a eletrônica fez com a máquina de escrever elétrica: transformou-a em um BlackBerry (misto de telefone e computador de mão). Com um salto quântico da engenharia, os cérebros por trás dos BlackBerries pegaram a palavra digitada e transmitiram-na para qualquer lugar do mundo em questão de segundos. O processo passou de estático (a batida do metal e a tinta do papel) a instantâneo, dinâmico e mágico, visto que os pensamentos voam da mente para o espaço cibernético com a tecnologia BlackBerry. Você pensa e o outro lê. Nada na produção chega perto desse tipo de mudança extraordinária.

Esse contraste captou a atenção máxima. E a atenção leva à discussão, bem como à curiosidade e à capacidade de ver o que costuma passar batido. Pensar nisso representa 90% da venda. Agora que cativamos a atenção do cliente potencial e demos início a um intenso diálogo, conseguimos convencê-lo dos pontos-chave dos serviços de consultoria que oferecemos:

- Que os serviços ajudam a empresa a enxergar os processos de produção sob outro prisma, identificando, pela primeira vez, todas as etapas que podem aumentar ou diminuir a qualidade do produto e aprendendo a conduzi-las.

- Que nossos serviços são muito superiores aos que costumam ser oferecidos no mercado com base apenas no custo baixo. Embora nossos honorários iniciais sejam mais altos, os resultados são superiores e produzem um retorno significativo sobre o investimento.

Aposente as previsíveis apresentações em PowerPoint. Mande para o inferno a história de dizer o que o cliente quer e espera ouvir. Arrebata-o com inteligência! Com epifanias! Com o elemento-surpresa! Ajude-o a olhar o mundo sob outro prisma, enxergando o que passava batido de maneira inédita e eficaz, e ele ficará altamente propenso a comprar.

Eis outro ponto crucial: não descubra o que o cliente quer! Conscientize-o daquilo que ele ainda não sabe que quer e precisa. Ganhe quilômetros de vantagem incutindo-lhe uma idéia, um sonho ou uma tentação. (Para tanto, nosso cliente fez com que seus *prospects* percebessem que – a despeito do que pensavam até então, não ocorrem grandes reviravoltas na produção há décadas – agora é possível operar uma virada incrível.)

Se você falar sobre o que eles já pensam que querem, é provável que comecem a procurar por conta própria. Ao tirar proveito de uma proposição inédita, você:

- Controla a ordem do dia.
- Assume a ofensiva.
- Capta o elemento-surpresa.

Cabe a você apresentar algo totalmente novo, impactante e exclusivo. Agite o barco deles. Faça a alegria deles. E a sua também.

Assim, você estará desafiando o senso comum e colocando sua filosofia em ação.

Dê uma boa olhada no espelho...

Você vê um líder?

Você é um líder? Você se vê dessa forma? E seus subordinados?

Antes de responder, veja o que descobri ao longo de minha carreira: se você não for um líder, não poderá ser um gestor eficaz e inspirado. O tipo de pessoa que conduz as outras a um desempenho superior ao que teriam sem você no comando (ou ao lado delas).

Vamos nos aprofundar um pouco mais nessa questão. Imagine que seu cartão de visitas contenha os seguintes cargos: Gerente da rede de fornecimento. Diretor de recursos humanos. Coordenador de marketing.

Todos esses títulos dão a impressão de que você lidera alguma coisa. De maneira ostensiva, você agrega funcionários e fornecedores em torno da estratégia de realização e iniciativas táticas. Não importa se você tem apenas um subordinado ou um pequeno exército, se sua verba é de US$10 mil ou US$100 milhões – você faz acontecer e é quem dá o tom. Mas um cargo dificilmente garante que você é um líder. São apenas palavras num pedaço de papel. A liderança é expressa na mentalidade e exercida por meio da aplicação de sua filosofia pessoal à equipe sob seu comando.

A essa altura, você pode estar pensando: "Sou um sujeito muito ocupado. Sem mim, esta unidade de negócios não cumpriria sua missão. Na verdade, ela estaria em maus lençóis. Portanto, creio que sou o líder na teoria e na prática."

Não necessariamente. Estar ocupado e liderar são coisas muito diferentes. É certo que podem convergir, mas o volume de trabalho não é exatamente a parte mais difícil da liderança.

> **A**lém disso, se sua unidade de negócios não consegue executar as tarefas sem sua presença, é muito provável que exista alguma falha em suas habilidades de liderança.

Os líderes capacitados (e, por sua vez, gestores excepcionais) estabelecem as metas que os funcionários devem buscar no trabalho e motiva-os a superá-las.

Você pode afirmar honestamente que age assim? Você tem orgulho do modo como seus funcionários enfrentam as dificuldades? Você se sente confiante de que eles darão conta do recado de um jeito que elevará sua unidade de negócios a novos patamares de sucesso? Ou é exatamente o contrário? Se for o caso, você não pode culpá-los por isso. Você acabou de olhar em um espelho virtual e chegou à conclusão (talvez de maneira relutante) de que não é o melhor líder que pode ser.

Chegou a hora de mudar isso. De declarar guerra contra si mesmo. A questão é: Se você não é um líder nato, como poderá desenvolver as habilidades essenciais para uma gestão extraordinária?

Uma coisa é certa: espelhar-se nos outros, mesmo naqueles a quem você admira bastante, não é o caminho. Como gestor (de sua vida pessoal e profissional, bem como de sua unidade de negócios), você provavelmente procurou tanto seguir modelos como Jack Welch, Carly Fiorina, Bill Gates, Warren Buffett quanto o vice-presidente superpopular que ocupa uma sala a alguns metros da sua, cujo lugar na hierarquia sobe tão rapidamente quanto o sucesso da unidade de negócios por ele comandada. Sem dúvida, há um vasto panteão de gestores de destaque a serem venerados: os nobres executivos da Ivy League (a Liga de Marfim, que reúne as mais prestigiosas universidades dos Estados Unidos)... o empreendedor esperto e insensível que começou do zero... o conciliador que todo mundo adora... e, por último mas não menos importante, o líder profundo, analítico, do tipo "pouco-papo-muita-ação". E se você estiver bem disposto, poderá imitar todos eles.

É natural querer imitar os astros. Querer manejar um taco de golfe como Ernie Els. Jogar basquete com o estilo e a superioridade de Michael Jordan. Conduzir uma reunião de vendas com a vitalidade de Steve Jobs. A mídia estimula a imitação com detalhes coloridos de como esses exemplos operam milagres, conquistam seu lugar na elite gerencial e colhem os frutos da prosperidade no processo. Certamente, você já se deparou com esses perfis gerenciais repletos de todos os detalhes necessários para você tentar vestir a pele e usar o *modus operandi* deles, como festivas máscaras de carnaval. Você é tentado a isso. Sejam frias, obstinadas, elegantes, pomposas ou insensíveis, essas pessoas mandam o recado de que são dotadas das características certas e, se você ler as instruções com atenção, conseguirá aprender como atuam. Sendo assim, você poderá imitá-las e passará a ser alguém imbatível.

Totalmente compreensível. E a pior coisa que um gestor pode fazer.

Você não pode escolher uma *persona* e encarná-la, mas certamente pode aprender com os líderes de sucesso. O que não pode é copiá-los. Se tentar, ficará pasmo e confuso. Um gestor bem-sucedido precisa acordar de manhã e ser autêntico, em vez de assumir um papel incoerente com sua personalidade. Incompatível com seu DNA. Estou defendendo a idéia de que você deve declarar guerra a si mesmo, não que deve se colocar no lugar de outra pessoa. Lute para desenvolver plenamente seu potencial e tornar-se a melhor pessoa que você pode ser. Se você mal consegue enxergar com todo o alarde dos astros a seu redor, chegou a hora de passar de seguidor a líder.

Recentemente, minha empresa foi convidada a participar de uma concorrência por uma grande conta no setor de fibra óptica. Antes de dar início à competição, o COO (Chief Operations Officer) do cliente potencial convocou os principais integrantes de minha equipe para uma prévia, concentrando-se na personalidade de cada um dos executivos com quem nos encontraríamos na sede da empresa para fazer nossa apresentação.

À medida que o COO falava, meu radar detectou que sua intenção era moldar-nos às personalidades de seus executivos, transformando-nos numa *persona* multicolorida e aceitável para o eclético grupo que nos receberia na sala de reunião da empresa. Em tese, a intenção era boa. Na prática, uma receita para o desastre.

MS: Brad, agradeço pela atenção de nos fornecer um panorama de sua diretoria, mas, com todo o respeito, não podemos ter duas caras, muito menos dez. Somos quem somos e é assim que tem de ser. Espero que nosso perfil esteja de acordo com as expectativas de sua equipe.

Os verdadeiros líderes não sonham em ser alguém ou algo diferente do que são. Em vez de tentar copiar os outros, eles sonham em fazer algo extraordinário. Bill Gates sonhava colocar um computador em cada escritório e em cada lar. Quando dei um passeio a sós com Gates no campus da Microsoft no início dos anos 90, Bill contou-me que, se tivesse sofrido a influência de alguém, essa pessoa era Richard Feynman, físico do Caltech.

Richard Feynman? Nunca ouvira falar nesse nome até então, mas pesquisei logo em seguida. Incomum para um vencedor do prêmio Nobel de física, Feynman tinha uma maneira impressionante de enxergar o mundo pelo prisma da física e de explicá-lo de um modo compreensível e fascinante para o leigo. Durante o processo, Feynman ajuda os leitores a ver novas dimensões na vida. Ele expande a visão fazendo com que as pessoas vejam o invisível. Feynman cativou Gates de um jeito que os exemplos corporativos jamais conseguiriam.

Mas Bill Gates certamente é uma exceção. No mundo corporativo, a liderança é, na verdade, imitação. Homens, mulheres, executivos e empreendedores, todos imitam os ícones do estrelato empresarial.

Não vá por aí. Esqueça esse negócio de exemplos e doutrinas amplamente aceitas. Você não alcançará o sucesso seguindo a filosofia de outra pessoa, mas poderá crescer como gestor, desenvolvendo uma metodologia exclusiva para expandir os negócios.

Agindo de acordo com suas idéias e insights, você estabelecerá uma rota especial. Sua unidade de negócios será diferente, vencedora, inovadora e surpreenderá a concorrência. Ninguém será capaz de imaginar, nem por um instante sequer, por que você pintou o cenário com cores e tons inéditos. Enquanto os outros assumem uma postura exibicionista, você é o líder misterioso, o sujeito que está fazendo o que Bill Gates fez 25 anos atrás: surgindo e evoluindo como um líder único e excepcional. Nestes anos todos, é sempre o próprio Bill, com sua determinação e força de vontade, a declarar uma guerra construtiva em busca de um Bill cada vez melhor.

A gestão verdadeiramente bem-sucedida resulta de uma análise de quem você é e da elevação de suas habilidades às alturas. A verdadeira liderança começa quando você pergunta a si mesmo quais são seus pontos fortes e fracos. Essa auto-avaliação pode resultar em algo parecido com o que segue:

Pontos fortes

- Mentalidade inovadora.
- Desembaraço.
- Excelentes habilidades de negociação.
- Fortes habilidades analíticas.
- Relacionamentos comerciais sólidos e duradouros.

Pontos fracos

- Resistência a experiências novas.
- Incapacidade de criar uma visão compartilhada.
- Foco demasiado na execução.
- Determinação para agradar os superiores.

Esse tipo de autoperfil (o rosto que você vê no espelho quando está determinado a tirar todas as máscaras) fornece um roteiro para liderar, lançando mão de seus pontos fortes e, tão importante quanto isso, amenizando suas fraquezas, de modo a exercer a liderança com o rico filão de características pessoais a seu dispor.

Por exemplo, se você tem uma mentalidade inovadora, formule seu modelo gerencial com base nela. Compartilhe suas idéias com a equipe. Não apenas nas reuniões, mas sempre que quiser. Sei que esse é um de meus pontos fortes, então durmo com meu BlackBerry embaixo do travesseiro. Quando acordo com uma boa idéia em mente às 3h11 da madrugada, passo um e-mail para os integrantes de minha equipe e para os clientes. Faço o mesmo em aeroportos, quartos de hotéis e teleféricos. Estou sempre pensando, geralmente de maneira criativa, e reconheço a força de poder compartilhar em meu universo. As pessoas imediatamente pensam:

- "Mark é um criador."
- "Como ele pensa nessas coisas?"
- "Quando preciso de uma idéia nova, procuro Mark."

É claro que não criei o nicho de mercado do pensamento criativo. Além disso, diante do que sei hoje, algumas de minhas idéias não são lá muito boas. Mas costumo ser procurado para ajudar a iluminar o caminho daqueles que me cercam. Essa é uma poderosa ferramenta de liderança e eu a utilizo muito.

Dê uma olhada nos pontos fracos novamente: "Determinação para agradar os superiores." Por que esse é um ponto fraco? Porque essa geralmente se transforma em uma característica pavloviana. Tome uma decisão. Peça aprovação. Apresente uma idéia. Peça aprovação. Alcance uma meta de vendas. Peça aprovação. Nessa busca constante pela difícil aprovação alheia, você acaba se perdendo.

Isso acontece em larga escala em organizações inteiras. Às vezes, a pessoa que alega incentivar os que pensam por conta própria e assumem riscos é justamente aquela que deseja manter os outros sob seu cabresto. Por quê? Porque ela gosta de controlar tudo. Como os antigos baleiros, que liberam as balas aleatoriamente mediante uma ficha, o controlador quer que todos em sua unidade de negócios lutem por sua aprovação. Ele faz um jogo insidioso. Aqueles que se atrevem a expressar uma idéia ou agir de maneira diferente da determinada são bombardeados e humilhados nas reuniões. Em uma reunião de sócios da extinta Arthur Andersen, um dos executivos da área tributária, recém-admitido na empresa, aceitou o convite para dar idéias que impulsionassem as atividades de sua área a novos patamares no ano seguinte. Diante de um auditório lotado de colegas, sugeriu que a empresa começasse a vender produtos relacionados com o planejamento de venda de imóveis, como seguros de vida, como um adicional rentável aos tradicionais serviços da área tributária.

O Sr. Pez mostrou a que veio:

SR. PEZ:	Você tem licença para atuar na área tributária?
SÓCIO TRIBUTARISTA:	Não sei se entendi direito.
SR. PEZ:	Não sabe se entendeu. O que há de complicado nessa pergunta? Você tem licença para atuar na área tributária?
SÓCIO TRIBUTARISTA:	Ah, sim... é claro que tenho.
SR. PEZ:	Você alguma vez leu o código de ética profissional?
SÓCIO TRIBUTARISTA:	É claro que sim e não estou dizendo que...
SR. PEZ:	Então, só posso pensar que você se sente à vontade em colocar em risco a licença de atuação de nossa corporação inteira. OK, Ben, seja franco, você ficou no bar até tarde ontem à noite?

Um soco na cara. Um ataque que qualquer pessoa sob a liderança do Sr. Pez aprende a evitar. Ao mesmo tempo, seus subordinados aprenderam um meio de obter sua aprovação e as conseqüentes regalias. Em pouco tempo – e isso sempre acontece quando um Sr. Pez está no comando –, todos passaram a se ocupar tanto em agir de acordo com a batuta do Sr. Pez que tiraram o foco do mercado. E tiveram de pagar o preço.

A verdade é que, às vezes, você pensa, diz ou faz algo e não recebe a aprovação dos outros. As pessoas podem achar a idéia idiota, previsível, avessa aos riscos ou suicida, mas, se você acredita nela, deve lutar sem a gratificação instantânea da "aprovação". Todo gerente excepcional se preocupa com os outros, aceita a opinião alheia e respeita os apartes das pessoas em relação aos negócios, mas não permite que isso o limite a agir por ficar preocupado com a rejeição dos demais. Os grandes líderes são confiantes, e isso, às vezes, significa agir contra a própria natureza.

Digo o seguinte à minha equipe na MSCO:

Se vocês pensam demais nos motivos dos outros, passam tanto tempo na mente alheia que podem acabar tendo de pagar aluguel.

Quando você se livrar das algemas da opinião dos outros, estará livre para alçar vôos mais altos como gestor e líder. Conseguirá utilizar todo o seu potencial intelectual, de determinação e criatividade.

Mas quer saber de uma coisa? As pessoas raramente fazem isso, pois temem o que os outros podem dizer ou pensar. Temem ser tachadas de loucas, inconvenientes ou antiprofissionais. E não gostam da idéia de ir para casa amarguradas porque tiveram de agüentar os ataques dos que ficaram irados. Irados? Por quê? Porque tomaram partido. Assumiram uma posição antipática. Uma posição que, certa ou errada, instigou a aversão dos outros. Inimizade. Desagrado. Mas nem você nem seus oponentes devem dar a menor pelota para isso. Perder tempo com isso pode ser fatal.

Tenho pensado bastante nisso. Quero ser um homem bom. Bom marido e bom pai. Quero ser um gestor justo e inspirador em minha empresa e um líder do setor. Mas não me importo se os outros pensam que trabalho demais, que sou obstinado demais ou que exijo demais dos outros e de mim mesmo. Eu sou assim, tenho o direito de ser assim e estou bem do jeito que sou. Libertei-me de morar de aluguel na cabeça dos outros, preocupando-me com o que pensam de mim. Não estou numa competição para ver quem chateia mais o outro e também não quero ser orgulhoso. Simplesmente, é um jeito de ser baseado em minhas convicções. Estou convencido de que os líderes precisam assumir posições antipáticas, pois as empresas não crescem por causa de sua popularidade interna. Veja alguns de meus preceitos e diga-me se você acha que os integrantes de minha equipe "gostam" de mim por causa disto:

- Quando o volume de trabalho aumenta muito, todos têm de riscar a expressão "fim de semana" do vocabulário.
- As férias são o melhor momento para desenvolver idéias inovadoras para os negócios.
- Não tem essa de excesso de trabalho quando você ama o que faz.
- Quando preciso escolher alguém para liderar um projeto, prefiro o sujeito esperto e obstinado ao maduro e sensato.
- Ninguém adquire "direito" a aumento de salário, bônus, promoção ou mesmo ao emprego.

Cada vez que me preparo para agir de acordo com essas convicções, posso frear meu impulso por saber que as pessoas ficarão ressentidas e tentarão mobilizar as outras para demonstrar reprovação acerca de minhas atitudes gerenciais. Contanto que eu saiba que estou fazendo o que é certo para a empresa e que esteja seguindo minha filosofia, tenho de esquecer o resto. Porque, se eu não estiver certo disso, acabarei me tornando um refém da opinião alheia.

O mesmo pode acontecer com você. Para qualquer lado que você olhe, a síndrome do "clima ruim" poderá atacá-lo. E sempre que deparar com a síndrome, declare guerra contra ela.

Veja o caso do ex-CEO da Southwest Airlines, Herb Kelleher, que percorria os corredores dos aviões conversando com os clientes e distribuindo amendoins. Os CEOs de outras companhias aéreas fugiam dele como o diabo da cruz. Era um constrangimento. Uma humilhação. Na cabeça deles, essa atitude era indigna, humilhante ou muito menos importante ou viril (pelo menos no setor de Herb) do que negociar um contrato difícil como a aquisição de motores a jato da GE.

Mas essa atitude de Kelleher foi crucial para tornar a Southwest uma das poucas estrelas num setor de uso intensivo de capital, margem zero (na melhor das hipóteses) e constantes disputas com vários sindicatos, como, por exemplo, o aeronáutico. (Lembro-me de uma conversa que tive com o ex-CEO e investidor da TWA, Carl Icahn, em uma de nossas partidas noturnas de tênis, quando ele disse: "O melhor jeito de ficar milionário na América é entrar no setor de aerolinhas como um bilionário." Carl estava emprestando a linha de Richard Branson, CEO da Virgin Atlantic, mas sabia do perigo que corria: na época, ele lutava para extrair migalhas de lucro da TWA, a mesma companhia que levou Howard Hughes à loucura.)

A grande idéia de Kelleher fez a empresa prosperar e tudo o que precisou para gerá-la foi mostrar-se um autêntico líder. Um cara que olhou para dentro de si em busca de inspiração e estava disposto a levar suas inovações ao público e aos clientes, mesmo antes de testá-las. Enquanto os outros CEOs do setor estavam ocupados comprando jatos e namorando Wall Street, Herb manteve-se determinado a manter cada funcionário da Southwest focado na força latente de proporcionar uma experiência única ao cliente. Icahn trabalharia como comissário de bordo por um dia? Não! Ele distribuiria amendoins como um horista? Não! Seu ego não o permitiria. Ficaria preocupado com a imagem de um titã de Wall Street ser visto como um garçom. Mas Kelleher não deu a mínima para isso. Estava disposto a fazer a coisa do jeito dele, com a certeza de que venceria.

Além dele, numa escala menor (pelo menos do ponto de vista corporativo), situa-se meu pai.

Um homem com um extraordinário dom de vendas, também era fascinado por pesca e sempre tentava fisgar um peixinho em suas inúmeras viagens de negócios.

Algumas vezes, quando eu era pequeno, ele me levava junto em algumas visitas a clientes. Dizia que iríamos pescar, mas o verdadeiro motivo era mostrar-me como era o verdadeiro mundo dos negócios. Lembro-me de uma vez em que visitamos uma empresa ao norte do estado de Nova York. Passamos a manhã pescando. A caminho da empresa, perguntei a meu pai onde trocaríamos nossas roupas de pescaria.

Ele olhou-me como se eu o tivesse insultado: "Não vamos nos trocar." Adentramos o prédio para visitar o dono da empresa, com meu pai usando roupas de pescador – e, acredito, ele sequer tirou as galochas. Fiquei espantado e com medo. O CEO era um aristocrata criado na dinastia de uma empresa familiar, ostentava um catálogo de Natal da Tiffany e provavelmente transava (por assim dizer) de gravata. O que ele faria ao entrar no santuário que era sua sala revestida em couro e mogno e ver meu pai vestindo calças e colete de pescador, com caixinhas de minhocas presas ao cinto?

Bem, entramos no escritório do magnata, ao som do tique-taque do relógio do avô e o retrato do fundador lançando um olhar de reprovação aos judeus pescadores de Queens... mas, então, sem qualquer hesitação, o dono da empresa levantou-se e abraçou meu pai.

Ele, literalmente, segurou meu pai em seus braços.

As roupas de meu pai não tiveram a menor importância. Nem seu nome ou religião. Sua personalidade e tino comercial ganharam o dia. Além disso, o fato de meu pai ter se apresentado em roupas de pescador o tornou ainda mais autêntico e especial perante o cliente. Considere isso um segredo bem guardado, mas os clientes costumam adorar fornecedores ousados, espirituosos e originais. Indivíduos conservadores, previsíveis e autômatos existem aos montes. E todo mundo sabe disso. E ninguém respeita esse tipo de gente.

Moral da história? Descubra seu próprio estilo operacional e torne-o sua marca registrada. Descubra qual é seu sonho, desejo ou marca de liderança e seja fiel a cada elemento disso. Declare guerra contra cada clichê que você já ouviu sobre o gestor ideal e incorporou em sua *persona*. Líderes não são robôs. Eles abominam o automatismo!

A liderança está em seu código de DNA. E eles dizem: "Minha força está em minha singularidade; não em me identificar com os outros e imitar exemplos." Faça o mesmo! Pare de seguir e comece a liderar. Naturalmente, você não poderá virar um homem das cavernas. É preciso impor disciplina profissional em suas ações, mas tudo isso tem de estar de acordo com quem você é e com quem poderá vir a ser. Dê adeus aos colegas que andam a caminho da Hipocritolândia. Eles acabarão trabalhando para você.

Recentemente, jantei com Sean, um jovem gerente prestes a fazer sua primeira apresentação importante. Recém-nomeado diretor de comunicações corporativas, estava às vésperas do grande evento. No dia seguinte, apresentaria à diretoria um esboço de seus planos de desenvolvimento de um programa totalmente novo de comunicações corporativas. Como essa seria a primeira tentativa da empresa no sentido de desenvolver um canal de informação interno, Sean teria a rara oportunidade de começar tudo do zero. O céu era o limite. Sean tinha em mãos o lançamento de um programa de alto nível que poderia se transformar num paradigma para a comunidade empresarial.

Ali estava um jovem brilhante, prestes a enfrentar seu primeiro desafio gerencial importante, que lhe traria a oportunidade de demonstrar todo o seu talento. Ali estava um astro corporativo em formação. Um momento empolgante, mas consegui ver o inconfundível lampejo de temor em seus olhos.

Seria a ansiedade típica e compreensível ou haveria algo mais? Algo o preocupava? Enquanto jantávamos no Morton's, decidi descobrir do que se tratava.

MS: Você está preocupado com o dia de amanhã?

SEAN: Bem, estou tentando não ficar, mas confesso que estou preocupado. Mas acho que é natural.

MS: É natural ficar ansioso, mas você está assim porque fará uma apresentação à diretoria ou porque não está confiante no que vai apresentar? Uma coisa é muito diferente da outra.

SEAN: Um pouco de cada. Não estou realmente certo de que meu plano cobre todos os pontos. Não sei dizer se a diretoria vai gostar dele.

Eu poderia sentir o problema a mais de um quilômetro de distância.

MS: Sean, vamos começar do começo: **VOCÊ** gosta do plano?

SEAN: Não sei que importância tem isso. Não sou eu quem assina meu contracheque, mas a diretoria.

MS: É verdade, mas fazem isso somente porque querem que você crie um trabalho sensacional. Eles lhe deram um grande voto de confiança. Você não vencerá essa etapa com medo nem tentando agradá-los. Não, você precisa impressioná-los. Precisa demonstrar liderança.
Posso dar uma olhada em seu plano?

Bastou uma leitura rápida para saber que se tratava de um trabalho previsível e padronizado. Totalmente inadequado para quem deseja demonstrar que é capaz de fazer parte do grupo de gestores guerreiros.

MS: Esse plano não vai dar certo... e creio que você saiba disso.

SEAN: Por que você diz isso?

MS: Você acha que esse plano, baseado em boletins informativos e e-mails dos funcionários, realmente causará impacto no moral, na motivação e na cultura da empresa? Você acha que agregará algo substancial ao modo como as pessoas trabalham e interagem entre si?

Sean olhou ao redor do restaurante, como se a resposta estivesse escrita nas paredes. Ou talvez estivesse procurando a saída mais próxima.

SEAN:	Não... é por isso que estou incomodado.

MS:	Sean, deixe-me fazer uma pergunta que tem implicações profundas agora e em seu futuro profissional: Por que você está apresentando algo que o deixa pouco à vontade? Por que você não passa a noite em claro, se é esse o preço a pagar para apresentar um plano que o deixe orgulhoso? Um plano que pareça música a seus ouvidos. Algo que possa mudar a empresa, em vez de manter seu atual *status quo*?

Sean me encarou e colocou para fora o que o atormentou por semanas a fio.

SEAN:	Sei que o plano é medíocre. Estou ciente disso. Mas acho que é o tipo de plano que a diretoria espera. Trabalho em uma empresa prudente que, admita ou não, prefere ficar atrás a assumir a dianteira. Essa é a zona de conforto deles. É aí que eles sentem que assumem um risco mínimo. É essa atitude que define a cultura da empresa.

A avaliação de Sean estava correta. Bem na mosca. Desde o dia em que entrou na empresa, cada mensagem recebida de seus superiores dizia, de várias maneiras diferentes: "Não tumultue." Então, a leitura que Sean fez do ambiente estava correta, do mesmo modo que seu plano estava fadado ao fracasso. E talvez sua carreira também. Pense nisto: um jovem gerente assumindo uma postura de seguidor! Um jovem de grande potencial, com autonomia para criar uma nova função e colocar seus sonhos em uma folha em branco, decide copiar o que acredita ser a norma. Prefere a abordagem segura. Uma tática que dificilmente causará impacto algum.

Tudo bem, você deve estar pensando, o jovem realmente tinha autonomia para deixar sua imaginação voar numa empresa em que os inovadores são rechaçados? Sim. Pediram que ele criasse um plano para um novo departamento. Sempre que receber uma solicitação para criar algo, o gestor deve abraçar a missão com toda a paixão e sagacidade possível; qualquer coisa abaixo disso implica aceitar a idéia de que os inovadores não obtêm bom êxito. Isso é como fingir-se de morto.

MS: Sean, não diga o que você acha que eles querem ouvir; diga o que eles precisam ouvir. Sim, isso é arriscado. Mas, se você não declarar guerra a seu medo de assumir riscos e de adotar uma postura de liderança em qualquer estágio de sua carreira, estará condenado a ser um cidadão de terceira categoria.

SEAN: Então, o que eles **precisam** ouvir?

MS: Como ninguém jamais fez um autêntico trabalho de comunicação empresarial, algo que causasse verdadeiro impacto, seu plano intencionalmente rompe com a tradição para decodificar a mensagem. O plano propõe um meio de envolver totalmente as pessoas no processo. Com resultados. Com energia. Com conteúdo.

    Sugeri a Sean que pedisse uma prorrogação de prazo para apresentar o plano e que saísse em campo para discutir algumas idéias e elaborar um novo método de comunicação corporativa. Uma abordagem que descartasse os clichês e reformulasse o processo, fazendo-o funcionar. O Vale do Silício fez isso. A geração das empresas de tecnologia surgida nos anos 90 jogou fora a velha fórmula de comunicação impressa com os funcionários. Adeus aos boletins informativos. Adeus às correspondências formais da diretoria. Em vez disso, passaram a se reunir em noitadas de pizza. Os integrantes da unidade de negócios se encontravam em algum lugar para comer, beber e conversar. Isso mesmo, conversar de verdade – os diretores com os funcionários e vice-versa. Tratavam de todos os assuntos importantes para o pessoal, a empresa ou para ambos. Esse foi um modo inédito de trocar idéias, estreitar relacionamentos e alcançar um meio dinâmico para as comunicações corporativas, em tempo real, com franqueza e contato pessoal.

    Idealizar uma inovação assim, colocando-a em prática, demonstraria o talento gerencial de Sean, mas ele considerou minha idéia, recusou-a educadamente e apresentou o que a empresa queria ouvir. Uma coisa está certa para mim: em breve, Sean não passará de mais um rosto na multidão.

    É provável que **você** tenha passado por experiência semelhante. Essa é a curva de aprendizado no microcosmo. Você encontra um desafio em seu caminho, avalia-o e, ao se olhar no espelho, pergunta a si mesmo se tem cacife para enfrentar a parada. Como líder. Como gestor guerreiro.

    Ao refletir sobre a questão, tente fazer o seguinte exercício. Imagine um cenário revolucionário (que envolva sua empresa) como se fosse um sonho ocorrido na noite passada. Por exemplo, você pode sonhar que enviou um memorando informando que todos os seus subordinados poderiam trabalhar de pijama. Ou que você criou uma divisão de produção, embora sua empresa atue no setor de varejo. Ou então que a equipe de vendas foi encarregada dos registros contábeis e o pessoal de TI passou a efetuar as vendas. Ou ainda que as reuniões internas passaram a acontecer numa sala sem mesas nem cadeiras.

Não se reprima. Deixe a mente correr solta, como se estivesse sonhando. A partir desse cenário de sonho, extraia uma idéia ou um conceito que pareça bizarro, mas que você considere que possa realmente trazer benefícios para a empresa, e burile a descoberta. Coloque-a em prática sem se importar com "o pensamento ortodoxo, o senso comum, a opinião pública". O único teste é verificar a existência de chances razoáveis de sucesso. Gosto de pensar nisso em termos de *decodificação*. Inovações que geram oportunidades de crescimento exponencial, geralmente rompendo as barreiras que impediram a chegada a tal nível de sucesso.

Certa vez, pensei: "O que impede os vendedores de seguro de vida de obterem acesso a clientes potenciais mais qualificados?" (A questão era importante para a MSCO, pois representamos uma seguradora líder do setor e ocorreu-me o seguinte: Por que os agentes de seguro de vida são vendedores limitados em sua capacidade de visitar vários dos *prospects* que mais os interessariam?)

Uma coisa é certa: nunca deixe o medo refreá-lo, como aconteceu com Sean e como pode acontecer com qualquer um de nós.

Vejamos essa história de medo em mais detalhes. É perfeitamente humano ter medo de alguma coisa, vez por outra: medo de voar, de falar em público, de assumir compromissos pessoais, de receber sinal verde para fazer investimentos.

Mas medo de gerenciar? Minha experiência indica que esse tipo de medo está bem no topo da lista. Entretanto, esse é um temor calado. Um medo invisível. Um medo que jaz sob a retórica porque ninguém quer admiti-lo. Ninguém quer tocar no assunto. Ninguém está disposto a ser visto como tímido, fraco, vulnerável, covarde, medroso.

Mesmo assim, o medo vai fundo e pode impedi-lo de exercitar a autoridade gerencial de um modo que impulsione sua empresa e sua carreira. Exatamente porque o medo costuma ser camuflado, é importante trazê-lo à tona e encará-lo com firmeza.

Vejamos como identificar e combater algumas das formas mais comuns que o medo assume ao penetrar na mente do gestor.

Certa vez, fui convidado a socorrer uma empresa de mídia que atravessava uma grave crise financeira. O local estava uma desgraça. Precisei de apenas algumas horas de trabalho para ver por que a demonstração de resultado mais parecia um estudo de caso que as faculdades de administração utilizam para ensinar o que pode dar errado – extremamente errado. Aquilo parecia mais um hospício do que uma empresa. Disciplina era inexistente. Os funcionários chegavam entre 9h30 e 10 horas, ou quando bem entendiam, e não se avistava vivalma após as 15h30. O pessoal ia para a aula de ginástica, ao cinema, ao happy hour ou para casa assistir ao programa da Oprah Winfrey.

A situação com os vendedores estava especialmente ruim. Ganhavam um salário anual de US$75 mil apenas para comparecer ao trabalho. Se tivessem um desempenho impressionante e vendessem como loucos, conseguiriam apenas um adicional de 10% na remuneração. Então por que se incomodar? E não davam a mínima mesmo. Praticamente a empresa vendia apenas quando os clientes batiam à porta com um cheque na mão dizendo: "Compro."

Que sistema negligente, estúpido e sem visão! Veja a mensagem que a administração passava às pessoas que estampavam o cargo "Vendedor" em seus cartões de visita:

Os vendedores que demonstrarem criatividade, persistência, iniciativa, determinação e extrema vontade de vencer ganharão quase o mesmo que os preguiçosos da sala ao lado.

Esse tipo de estupidez não ocorre por acaso. Há gestores no comando – aliás, na falta dele.

Por que alguém permitiria que os *vendedores* recebessem o salário máximo sem vender, lagarteando na Fracassolândia? Quem pagaria um salário para pessoas que simplesmente ocupam espaço? Quem daria um cargo de *vendedor* a quem não vendesse coisa alguma a ninguém?

O medo!

Ah, essa palavra de novo. Ele ataca mais profunda e freqüentemente do que todos estamos dispostos a admitir.

No primeiro dia, a empresa de mídia encarou-me como um intruso, um emissário do dono. A última coisa que o grupo dominante queria em seu meio. Durante anos, tiveram licença para arruinar uma empresa que não apresentava problemas. Em grande parte porque o CEO tinha medo de mudanças e do contragolpe que elas poderiam desencadear. Como CEO em exercício, decidi jogar um banho de água fria na equipe de vendas. Reuni a tropa na sala de reunião do nono andar e declarei uma guerra construtiva.

MS: Sei que todos vocês vão ao cinema todos os dias. (Vi o rosto de vários deles perder a cor.) Vocês provavelmente assistiram a todos os filmes em cartaz em Manhattan. Por quê? Porque não têm motivo algum para se esforçar. Ganham generosos salários quer vendam quer não. Portanto, escolheram o destino mais prazeroso: um cinema com ar-condicionado, Coca-Cola gelada e pipoca quentinha.

Mas adivinhem só. Esse tempo acabou. Isso é coisa do passado. Ir ao cinema continua a ser um entretenimento enriquecedor, mas não no horário de trabalho. De agora em diante, esta empresa será incansável. Uma meritocracia. Vocês já ouviram falar em capitalismo?

A partir de hoje, ninguém vai para casa cedo. Vocês sairão do trabalho tão tarde que o entregador de pizza virá aqui toda noite e vamos trabalhar nesse ritmo até tirarmos a empresa do vermelho e a colocarmos totalmente no azul.

Mas o que eu disse em seguida foi o que realmente virou o mundo deles de cabeça para baixo. Porque representava a evidência tangível de minha declaração de guerra e todos precisavam ver as granadas no ar.

MS: Vou colocar um sofá em meu escritório. Não pretendo dormir em minha cama até ter revertido a situação por aqui. E qualquer um que fique dormindo no ponto enquanto eu estiver envolvido nesta luta até o pescoço perderá esta mamata e acabará na fila do seguro-desemprego. Vocês poderão ir para casa à noite, mas única e exclusivamente depois de ter feito o possível para tirar esta empresa da situação em que se encontra.

Dormi naquele sofá durante várias noites, para que, quando chegassem de manhã (após as noites em que sentiam que não haveria problemas em ir para casa), os funcionários me encontrassem com a roupa amarrotada e soubessem que eu não saíra do escritório.

Minha esposa estava de cabelos em pé com minha nova amante, mas consegui fazer com que ela entendesse que essa situação não duraria para sempre. No final, consegui provocar uma reviravolta na empresa. Quando deixei o sofá e voltei a passar as noites em casa, os motoboys continuavam entregando o jantar para vários funcionários no escritório. As pessoas trabalhavam até de madrugada. A complacência transformou-se em energia. As vendas aumentaram. A venda de ingressos caiu em todos os cinemas de Manhattan. Hollywood não tinha a menor idéia do que estava acontecendo. Mas eu sabia de tudo.

Com o simbolismo daquele sofá, sacudi o *status quo* de um modo que jamais conseguiria com palavras. Declarei que eu era o tipo de gestor que estaria à frente das tropas na batalha. Não pediria a eles absolutamente nada que eu mesmo não estivesse pronto a fazer.

E sem medo!

Ah, e eu estava pronto para fazer mais uma coisinha... despedir funcionários (quando sua performance, ou ausência dela, permitisse). Estava pronto para declarar guerra contra a complacência, recuperar a empresa e enfrentar o clima ruim oriundo de pessoas ressentidas com minha sacudida no *status quo*. E continuaria a conduzir a empresa com mão de ferro até que os bons tempos voltassem, acompanhados dos lucros e benefícios para cada funcionário que estivesse comigo no front.

Sabe de uma coisa? Durante minha gestão, acabei demitindo metade da equipe de vendas. Creio piamente na eficácia de demitir pessoas que não trabalham bem e você deveria passar a acreditar nisso também, se quiser se livrar dos "malas" que atravancam seu caminho.

Teste de coragem: é relativamente fácil demitir o preguiçoso que diminui a produtividade da empresa, mas e o funcionário brilhante? Você é capaz de demiti-lo? Você entregaria o bilhete azul a seu ás de vendas? Quando, por exemplo, ele violar a cultura e colocar em risco o modelo empresarial? E se ele for a pessoa que conhece todo o processo de TI da empresa como a palma da mão?

Você conseguiria eliminar a prima-dona "indispensável" da folha de pagamento?

É melhor que sim, pois, no dia em que você disser a si mesmo que não pode se dar ao luxo de demitir um determinado funcionário, terá renunciado à posição de gestor e colocado esse indivíduo em seu lugar no organograma da empresa. Você terá instalado um líder-sombra!

Cerca de cinco anos atrás, Richard, chefe de uma prestigiosa financeira com mais de setecentos funcionários, convidou-me para almoçar em seu clube fechado na região portuária de Chicago, onde fazia diariamente uma dieta bem leve à base de alface, tomate-cereja, abacaxi fatiado e água gelada. Enquanto comíamos e conversávamos, não pude deixar de perceber que meu amigo e parceiro de negócios sentia-se oprimido.

MS: Você está calado hoje. O que o incomoda?

RICHARD: Bem, Mark, estou com um problema. Um de meus parceiros está operando maravilhas no trabalho, fechando negócios com várias empresas ponto.com. Ele é jovem, conhece o jargão do setor e realmente sabe lidar com esses caras da Internet. Vou dizer uma coisa, em termos de desenvolvimento de novos negócios, o rapaz é um verdadeiro trunfo para a empresa. Um funcionário dos sonhos.

MS: Até aqui, tudo bem: um parceiro de ouro com uma varinha mágica ponto.com. Qual é o problema?

RICHARD: O problema é que esse cara é o típico esquizofrênico: suave com os clientes, mas um verdadeiro cretino no escritório. Desrespeitoso, arrogante, raivoso e vive fazendo exigências pessoais à custa do cargo que ocupa, chegando ao ponto de levar a organização ao caos. Quando o repreendo, ou ao menos tento, ele ameaça deixar a empresa levando os clientes.

Consegui analisar a situação na hora.

MS: Quer um conselho? Largue o garfo e a faca, termine este almoço agora, vá direto para o escritório e demita esse cara.

Medo!

RICHARD: Demiti-lo? Não posso fazer isso. Esse cara controla tantos negócios que eu...

MS: Se você não o demitir, é melhor reconhecer o fato de que ELE é o novo administrador e de que agora é você quem trabalha para ele. Não importa se ele trouxe trezentos ou três mil clientes, a questão é: "Você quer continuar no controle da empresa ou quer perder esses clientes? Se tiver de escolher entre uma coisa e outra, qual é a mais importante para você?"

Antes de responder, lembre-se de que ele não trouxe todos esses clientes sozinho – ele usou a marca e os recursos da empresa. Você delegou-lhe mais poder do que esse cara merece.

Richard parou de comer e ficou me encarando durante mais ou menos um minuto. Em total silêncio. Mas o medo em seus olhos transformou-se instantaneamente em resolução. Então, sem a menor cerimônia, voltou ao escritório e demitiu Mr. Hyde. Sabe o que aconteceu?

Dr. Jekyll implorou perdão. Prometeu, jurou mudar seu comportamento. Ele se transformaria num "bom moço", num verdadeiro integrante da equipe, no próprio Sr. Simpatia. Papo furado, é claro. Mas um gestor habilidoso aprende, em qualquer estágio da carreira, a devolver o medo ao provocador que o atacou inicialmente. O mais comum é ver o valentão amarelar. Temer é humano, mas viver em constante estado de medo não leva ninguém a ser um gestor formidável. Desde o mal-estar entre Richard e *Dr. Jekyll & Mr. Hyde*, a bolha da Internet estourou, tirando do parceiro peitudo seus dias de glória. Seu poder de fogo. Sua força. Sua autoconfiança.

E Richard continua sendo o sócio-gerente e não é mais um refém do medo.

Moral da história: Diante de situações que possam ter conseqüências negativas, um gestor não deve reagir baseado no medo, ou terá um fracasso na certa.

Em vez disso, verifique se você avaliou antecipadamente os riscos refletindo sobre o seguinte: "O que de pior poderá acontecer em cada uma das soluções possíveis?" É provável que você possa suportar a pior hipótese e, quando perceber isso, se sentirá forte o bastante para agir. Se o pivô da crise for um funcionário, (a) mude as responsabilidades do empregado em questão, (b) ajude-o a obter ajuda externa, se for o caso, ou (c) convide a pessoa a se retirar da empresa. O importante é lembrar-se de que sempre que o modelo empresarial sair do eixo (por exemplo, se você recompensar alguém por medo), é hora de declarar guerra (contra o medo), a fim de manter a empresa no prumo e garantir a preservação de sua autoridade e flexibilidade para tomar as decisões certas na hora certa.

Às vezes, você pondera sobre a pior hipótese e tem de admitir que não poderá arcar com as conseqüências. Por exemplo, digamos que você tenha um funcionário que responda por 25% dos negócios da empresa (como Richard acreditava a respeito de seu arquiinimigo). Ou que um cliente que movimenta 70% de seu faturamento esteja infernizando sua vida. O que você faz?

A melhor coisa é desenvolver uma estratégia e implementá-la para livrar-se do apuro. Se for um funcionário-chave para a empresa, dê a ele uma superpromoção que o obrigue a repassar o controle de algumas de suas contas e então, quando chegar o momento oportuno, convide-o a se retirar. Se for um cliente, entenda a situação como um alerta de que nunca se pode depender de uma coisa só. Gostar do relacionamento comercial? Sim. Valorizá-lo? Sim. Depender dele? Não!

Neste exato instante, você pode estar pensando que falar é fácil. Fazer é que são elas. Mas já passei por situações assim inúmeras vezes. Observe isto com atenção: tenho cicatrizes para comprovar.

Por exemplo, sei exatamente o que é ter a empresa refém de um funcionário terrorista. Durante a febre ponto.com, minha empresa (a MSCO) criava algo em torno de 25 sites por mês para nossos clientes. Cada empresa queria estar na Web. A maioria não tinha a menor idéia do que isso poderia ajudar nos negócios. Mas todo mundo queria um site. Alguém o visitaria? Em caso afirmativo, a empresa poderia vender alguma coisa pelo site? Na euforia da grande novidade, essas questões pragmáticas quanto à geração de receita não importavam. "Desenvolvam um site para nós" era a lucrativa solicitação que ouvíamos diariamente.

Em pleno auge da mina de ouro cibernética, meu diretor interativo (DI) – um rapaz que trabalhava comigo havia cinco meses, a quem se reportava toda a equipe de Internet da MSCO – perguntou se eu poderia conversar com ele em particular em sua sala. Foi então que ele decidiu virar meu mundo de cabeça para baixo. Ou ao menos tentar.

DI: Mark, não estou a fim de conversa fiada, então vou direto ao assunto: você precisa emprestar-me US$100 mil. Devo essa quantia a meu pai e, se eu não quitar a dívida, ele ficará decepcionado comigo.

Acho que já ouvi isso antes!

MS: Não me sinto à vontade em emprestar essa quantia. Não o conheço tão bem assim. Mas [pensando que um bocado de sites estava em jogo] tentarei encontrar um meio de ajudá-lo, talvez com um adiantamento de salário na forma de empréstimo. Vou refletir melhor sobre o assunto e vejamos se consigo descobrir um jeito de tirá-lo dessa enrascada financeira e aliviar sua angústia.

Eram 10 horas da manhã. A equipe da MSCO estava trabalhando dia e noite para dar conta do enorme volume de pedidos de desenvolvimento de sites que não paravam de pipocar. Milhões de dólares de faturamento entravam por esse canal e meu DI tinha grande parte disso nas mãos. Ele e eu sabíamos disso.

Quando pedi para pensar melhor no assunto, sua reação foi um mal disfarçado "Vá para o inferno".

DI: Isso não é suficiente, Mark. Ou você me libera o dinheiro ou vou embora. Já tenho outro trabalho em vista.

Chegara a hora do aperto. O Grande Ultimato fora arremessado como uma granada de mão. Nesses momentos decisivos, um gestor tem apenas um segundo para reagir.

E eu fiz exatamente isso: pedi para o meu crucial, essencial, vital, indispensável, todo-poderoso diretor interativo esperar um minuto em sua sala e ele respondeu com um "OK" entre os dentes. Fui até o almoxarifado, peguei um saco bem grande, voltei à sala do rapaz e desdobrei o saco. Ele não tinha idéia do que pretendia com aquilo. E ele ficou realmente perplexo quando comecei a retirar seus objetos pessoais da mesa e jogá-los – um a um – no saco.

DI:　　　　　Que diabos você está fazendo?

MS:　　　　　Estou ajudando você a embalar suas coisas.

DI:　　　　　Embalar? Embalar para quê? Por quê?

MS:　　　　　Você está deixando a MSCO. Pronto. Você está demitido. Você está frito. Fora daqui. Nenhum empregado jamais me fará de refém.

Arrasado, ele tomou o saco de minhas mãos.

DI:　　　　　Você está certo. Vamos dar um tempo e conversar sobre isso amanhã.

E nunca mais tocamos no assunto.

Sim, fiquei com medo de perder esse importante colaborador num momento em que ele parecia estar com a faca e o queijo nas mãos. Mas eu sabia que administrar com medo é a receita certa para o fracasso. E eu não entro numa canoa furada dessas. É claro que eu poderia ter lidado com a situação com um pouco mais de diplomacia: afinal, ser um gestor politicamente correto é o último grito da moda. Mas também é um dos principais fatores pelos quais os líderes não conseguem perseguir e alcançar seus objetivos.

Portanto, sugiro que você seja politicamente incorreto para deixar claro aos que trabalham com você que as leis do mercado não permitem esse tipo de *psicologuês*. E não estão nem aí para os interesses sociais. Nem dão a mínima para os seus sentimentos. Tudo o que importa é ser a melhor empresa, oferecer os melhores produtos e serviços com os melhores preços. Se você não achar isso justo, arrume um emprego de professor.

O gestor tem de pensar nisso tudo ao criar uma cultura corporativa adequada. E não estou falando de declaração de missão nem de cartazes com frases de efeito afixados nas paredes da cantina do escritório. Estou falando do tipo de cultura corporativa segundo a qual cultivar uma experiência excelente e inovadora para o cliente (incluindo o desenvolvimento e distribuição de produtos de última geração) é a principal missão, que determina que ninguém está liberado para ir para casa antes de cumpri-la.

Todos os que almejam o sucesso têm de fazer o que preciso for! Não há espaço para o politicamente correto. Ninguém entra numa loja de grife, nem compra um tênis Nike, muito menos janta num restaurante cinco estrelas porque a administração é simpática, justa ou protetora dos animais em extinção. Sem dúvida, estas são características admiráveis, mas seu impacto no mercado é zero.

Há pouco tempo, um de meus funcionários – um cara excepcionalmente brilhante, com esposa e dois filhos pequenos – procurou-me e disse o seguinte: "Estou disposto a trabalhar com total afinco, mas preciso chegar em casa às seis da tarde para ficar um pouco com meus filhos... minha esposa exige isso."

Uma oportunidade perfeita para eu ser politicamente correto. Podia ver um monte de pessoas, solidárias a meus funcionários, elogiando-me por minha atitude, mas não estou em um concurso de popularidade. Tenho uma empresa a comandar.

Minha resposta?

MS: Você não poderá colocar as exigências de sua esposa antes de suas responsabilidades profissionais nesta empresa ou em qualquer outra que coloque o cliente em primeiro lugar. Você pediu para ela imaginar a vida de vocês daqui a dez anos (quando vocês estiverem diante da perspectiva de enviar seus dois filhos para a faculdade) e ponderar sobre os sacrifícios que enfrentarão se você prejudicar sua carreira agora?

E então expliquei as implicações da escolha que ele estava prestes a fazer. Enviar os filhos para a faculdade seria uma luta financeira. Ele e sua família talvez jamais tivessem a casa de seus sonhos. Nesse cenário, poderiam dar adeus a uma aposentadoria tranqüila.

MS: Se você e sua esposa puderem aceitar esses fatos da vida, então entrarão em acordo. Você não poderá trabalhar aqui, mas pelo menos vocês estarão em comum acordo com relação ao que esperam da vida. A faculdade será uma dificuldade, vocês poderão dar adeus à casa de seus sonhos, mas estarão se livrando de duas horas de trabalho ao dia. Isso parece interessante para ela? E para você?

Sabia que não estava sendo politicamente correto em pedir para meu funcionário colocar o trabalho em pé de igualdade com o tempo que dedica à família nem em colocá-lo na sinuca de escolher entre isso e seu emprego na MSCO.

Mas, antes que você tire qualquer conclusão a meu respeito, quero deixar muito claro que nada é mais importante em minha vida do que ser pai de meus filhos. Entretanto, como prezo minha carreira, assumi a responsabilidade de organizar meu tempo de maneira a cumprir minhas tarefas no escritório e em casa, sem sacrificar nenhum desses pilares de minha vida. Quando isso significava trabalhar das cinco às dez da manhã no fim de semana para poder passar o restante do dia com meus filhos, era exatamente o que eu fazia. Ou quando precisava trabalhar até as três da manhã numa semana em que tinha prazos a cumprir para deixar o sábado e o domingo livres para levar minha esposa e as crianças à praia, também não hesitava.

Minha avó de 87 anos costumava dizer: "Querer é poder." Um gênio dos negócios! Também guardo na memória um episódio de um seriado dos anos 50, *Papai Sabe Tudo*. Numa frase inesquecível (talvez apenas para mim), o pai diz à filha mais nova (Princesa), "se algum dia você precisar de auxílio para fazer alguma coisa, peça a ajuda de alguém ocupado e ele encontrará tempo para isso". Sempre pensei nessa revelação da televisão como uma reflexão informal sobre a primeira lei de Newton: um corpo em movimento tende a continuar em movimento. (Um gênio dos negócios ao quadrado.)

Cá entre nós, eu esperava que meu funcionário em conflito, que eu não queria perder de jeito nenhum, enxergasse a luz e conseguisse equilibrar as coisas consigo e com a família. E foi isso o que aconteceu.

Ele foi para casa e conversou com a esposa sobre a questão de aderir à cultura corporativa, avaliando se valeria a pena fazer concessões por causa do trabalho e, por sua vez, aceitar a dura realidade do mercado para atingir seus objetivos financeiros. E ele voltou com um pedido.

"Mark, tudo bem se eu trabalhar até mais tarde três vezes por semana e ir para casa nos outros dois dias para colocar meus filhos para dormir, com o compromisso de retornar ao escritório caso tenha algum projeto a concluir?"

Nem pestanejei antes de dar a resposta. "É claro."

Como líder, havia determinado as regras, ouvido os desafios que elas representavam para o meu funcionário e o aconselhado a encontrar um modo de equilibrar a vida familiar e a carreira. Encontrar essa harmonia trouxe uma sensação maravilhosa de sucesso e realização para nós dois.

O problema é que essa abordagem, elaborada para proteger a integridade da empresa (e, ao mesmo tempo, respeitar, dentro dos limites, as necessidades holísticas dos funcionários), costuma ser prejudicada em favor da onipresente nuvem do politicamente correto. Um gestor fraco diria para o funcionário tirar o tempo que quisesse para ficar com os filhos à noite e aceitar o fato de que teria um desempenho abaixo do necessário para alcançar um sucesso excepcional. Ou diria sim à solicitação do funcionário (entre os dentes) e começaria a preparar avaliações de desempenho negativas para demitir o funcionário de maneira nada honesta. Faria tudo para não ter de encarar o fato de que a vida e os negócios nem sempre são justos nem vivem em perfeito equilíbrio, tampouco perdoam para sempre. Geralmente, os gestores precisam fazer escolhas difíceis e, quando não conseguem e optam por varrer a sujeira para baixo do tapete, as empresas começam a perder a dianteira e acabam se deteriorando. É exatamente esse o motivo pelo qual declarar guerra é mais do que uma "boa idéia" – é uma questão de vida ou morte!

> **P**ara não ser um mala, é necessário declarar guerra contra todos os axiomas do "bom moço" que impedem você e sua unidade de negócios de alcançarem o sucesso e levam-nos a uma morte lenta, porém politicamente correta.

Às vezes, o destino de uma empresa ou carreira depende tanto do espírito com que o líder orienta a organização quanto de suas ações propriamente ditas. A vice-presidente de uma unidade de negócios de cartões de crédito (vamos chamá-la de Jane) parecia estar com tudo. Um belo cargo. Um escritório grande. Convite para todos os eventos VIP da empresa. Uma situação formidável. Mas, infelizmente, ela não estava pronta para tudo isso àquela altura de sua carreira. Digamos que ela seja do tipo "Bobinha". Você entenderá o porquê.

Jane entrou na empresa após um promissor início de carreira em Wall Street, onde ganhou reputação de ter uma mente financeira brilhante e a rara habilidade de ver o panorama geral por trás dos cálculos de planilhas e demonstrações de resultado. Candidata perfeita para uma alta posição no mercado, Jane optou por um ambiente de trabalho menos intenso e voltou para o seu estado natal, a Califórnia, onde ingressou na empresa de cartões de crédito. Começou superando as expectativas, destacando-se por meio da reestruturação de uma série de relacionamentos importantes entre a empresa e os bancos. Com quase 1,80m de altura, cabelos pretos e vestida para matar – trajando terninhos Armani com elegância asiática –, Jane era uma presença imponente.

Contudo, um padrão bastante comum. Presenciei isso logo no início de minha carreira. Pense no caso como uma revelação em tenra idade. Ao assumir uma postura acima do bem e do mal, encarnando a *persona* de uma Supermulher, da Srta. Perfeita, Jane tirou o pé do acelerador e passou a trabalhar em ponto morto. Não sei por que isso aconteceu, mas já vi o filme uma centena de vezes, e o padrão é sempre o mesmo: o profissional surge em cena, sobe à velocidade de um F-18, estabiliza sem quê nem porquê e, então, começa a aterrissagem na pista mais próxima.

Como gestor, você deve reconhecer que as expectativas sobre seu desempenho são diretamente proporcionais ao barulho que você gera ao redor. Entre como um verdadeiro rojão (o que é sempre desejável) e chamará a atenção (coisa que a maioria de seus colegas jamais fará). Com a reputação, virão as expectativas. Portanto, se você decepcionar, espere um pouco! Com essa atitude, você DECEPCIONARÁ e acabará entrando involuntariamente num exílio corporativo.

Parecia que Jane tinha uma sólida trajetória de cinco anos na empresa, trilhada com esmero e responsabilidade. Mas, naquele ponto, o alto escalão não queria nem esperava o esmero de uma supermulher (ninguém espera isso de você também). Ela comprou uma casa de campo, passou a ler clássicos e a jogar cartas (nada de errado com isso), mas deixou de inovar. As idéias que costumavam voar em todas as direções, como um turbilhão descontrolado, simplesmente desapareceram. O alto escalão começou a chamá-la para reuniões em particular, a fim de investigar se havia algo errado, e sua reação foi assegurar que tudo ia bem e que eles logo veriam a velha Jane, a estrela, trabalhando a todo vapor. Mas várias semanas se passaram e a velha Jane – a estrela, a supermulher – estava AWOL (*Absent Without Leave* – ausente do seu posto sem permissão).

Quando iniciei meu relacionamento com a empresa, Jane – alvo de rumores consideráveis e sempre desfavoráveis – era considerada coisa do passado. Sua unidade de negócios estava na segunda divisão. Percebi que ela continuava a receber convites para os principais eventos, mas somente porque os aristocratas precisam estar cercados de plebeus para reforçar sua aura de grandeza.

Lá estava uma mulher no final errado da trajetória profissional. Mesmo os que se reportavam a ela, bem como aqueles que a observavam a certa distância como eu, consideravam-na em fim de carreira. Parecia que ela continuaria tentando mais alguns anos, lendo seus clássicos, dando desculpas e caindo no esquecimento.

Foi então que aconteceu uma grande virada: às vezes, um milagre bate à sua porta. Um golaço. Seu grau de habilidade para lidar com esse tipo de situação determina *como* e *se* você ocupará o primeiro lugar no pódio.

Eis o milagre de Jane: o presidente de uma importante unidade de negócios da empresa foi forçado a pedir demissão em virtude de má conduta financeira (se tivesse permanecido, teria se transformado em mais um dos escândalos do mundo corporativo na mídia). O alto escalão pediu a Jane para assumir o cargo. Por quê? Ela estava disponível e eles precisavam de um quebra-galho. Alguém. Um reserva que saísse do banco e terminasse a partida.

Mas ali estava sua grande chance. Seu retorno aos holofotes. Faltavam poucos dias para o feriado do *Memorial Day* (em homenagem aos veteranos de guerra) e ela aceitou o desafio e agarrou a oportunidade.

Um mentor na empresa, que havia testemunhado sua ascensão e queda, tinha esperança no retorno da supermulher e enviou-lhe uma mensagem urgente: reúna todos os gerentes que se reportam a você. Diga para todos cancelarem os planos para o feriado, pois você fará reserva para vinte quartos no Hotel Hilton durante um mês e todos passarão a morar lá até 1º de julho. Envie um sinal claro de que você e a equipe de sua unidade farão uma reviravolta imediata nas operações.

A parte "envie um sinal claro" do conselho foi crucial. Ninguém gosta de pedir para os funcionários cancelarem um passeio de que provavelmente estão precisando. Mas o mundo dos negócios, na maioria das vezes, não é justo nem equilibrado, nem certo nem errado. O que importa é a força, o poder de fogo e a reputação. E Jane estava carente desses três elementos críticos. Essa era sua última chance de reconquistá-los. A espera paciente pela semana após o feriado seria o de menos, diante do enorme impacto que a estratégia causaria em termos de coragem, postura, iniciativa, determinação e expectativas.

O conselho sugeria que Jane deveria fazer um sacrifício e pedir o mesmo de seus funcionários? Sem dúvida. Mas não seria o maior deles. Seu mentor não a estava aconselhando a entrar numa zona de combate. Ele estava sugerindo apenas que Jane promovesse uma reviravolta na unidade de negócios e, com essa única atitude, a Bobinha poderia se transformar na Sra. Poderosa.

Mas sua resposta foi: "Obrigada pela sugestão, mas não a colocarei em prática."

Sua decisão foi aproveitar o feriado, deixar seus novos subordinados fazerem o mesmo e permitir que a prejudicada unidade de negócios continuasse à deriva. Radioativa. O que há de errado em dar um merecido feriadão a uma equipe cansada? Bem, em primeiro lugar, como essa equipe não estava nem um pouco sobrecarregada, a ladainha da escravidão não se justifica aqui. Mas, acima disso, está o fato de que o líder de uma empresa em dificuldades precisa agir rápida e decisivamente, fazendo qualquer sacrifício para garantir a sobrevivência, a recuperação e uma postura competitiva. Ao não ligar a sirene e conduzir a equipe no modo de emergência, Jane deixou de liderar. E essa falha costuma ser o principal motivo de fracasso dos gestores. Jane precisava declarar guerra à sua abordagem procrastinadora no trabalho. Mas não foi isso o que ela fez. Nem naquele momento decisivo antes do feriado nem nas reuniões que conduziu posteriormente. Os comentários diziam que Jane tratava de assuntos explosivos sem o menor vigor, que não tinha o menor senso de urgência, nem um pouco da criatividade que um dia fora a marca registrada que contribuíra para criar a reputação que agora ela desperdiçava. No processo, ela perdeu uma oportunidade de ouro para voltar a assumir papel de destaque.

Esqueça as etapas específicas e inócuas que Jane sugeriu à equipe e o método que propôs para enfrentar a crise. Mas lembre-se de que um gestor deve entender que será julgado pelo misto de estilo e conteúdo. Algumas das pessoas mais inteligentes do mundo corporativo pelejam nas organizações porque são totalmente racionais e não transmitem energia alguma. No auge de sua carreira, Jane tinha tanta energia que era preciso tocá-la usando luvas de borracha para não levar um choque. O alto escalão queria vê-la reacendendo a velha chama. Quando VOCÊ tem essa chama, ninguém quer vê-la se apagar – tampouco piscar. Imagine a diferença se Jane tivesse reunido as tropas no Hilton, conduzido uma série de reuniões estratégicas e apresentado ao alto escalão o esboço de um plano de administração da crise antes que os executivos seniores voltassem da praia! Sua proposta poderia ser modificada, discutida e aperfeiçoada infinitamente. Nesse caso, a rapidez com que o esboço estivesse pronto contaria mais do que seu conteúdo. Um dia, você também se encontrará nesse tipo de situação. Sempre que isso acontecer, pergunte a si mesmo se o que está em jogo é um feriado prolongado ou uma virada crucial em sua carreira. Em seguida, decida se deve aproveitar o feriado ou organizar uma verdadeira concentração no Hilton.

É compreensível que (qualquer atitude mais branda seria praticamente um crime) o alto escalão tenha contratado a Spencer Stuart em caráter de emergência para providenciar a seleção de um novo chefe para substituir Jane no comando da divisão. A última vez que tive notícias do caso, soube que ela continua em queda livre rumo ao total esquecimento. Desculpe, mas a vida pode ser cruel. Às vezes, você pede para sofrer quando não percebe uma grande oportunidade de dar a volta por cima disfarçada de problema insolúvel. Para não se enganar, é preciso assumir o controle dos problemas em questão (ou eles tomarão conta de você).

Pense assim (deixando a política de lado): Harry Truman surgiu do nada. De modesto lojista do Meio-Oeste a presidente dos Estados Unidos, Truman deixou um extraordinário legado porque tomou três atitudes controversas:

- Recusou-se a adotar a estratégia convencional para derrotar o Japão, que defendia a invasão das tropas americanas por terra, pelo ar e pela água. (Mesmo depois da revelação da existência da ultra-secreta bomba-A nos avisos de Truman ao Japão e do lançamento da primeira bomba, muitos tradicionalistas ainda defendiam a invasão com tropas terrestres.)

- Demitiu um dos militares mais populares e poderosos da História (General Douglas MacArthur).

- Lançou a primeira bomba atômica do mundo em civis (para salvar soldados americanos).

Diante da escolha entre o medo das críticas e o desfecho bem-sucedido do esforço de guerra, você sabe o que o Comandante-em-Chefe e 33º presidente dos Estados Unidos fez. E você? O que faria? Você sabe qual é minha opinião!

Veja outro caso: quando o herdeiro de uma empresa familiar assumiu o controle como CEO, herdou uma organização fantástica, com uma rica trajetória de excelentes produtos, rentabilidade substancial e extraordinária base de clientes. Parecia que ele era o dono do mundo. Tudo o que teria a fazer seria elevar a empresa ao próximo patamar e, para tanto, bastaria assumir o papel do principal executivo que tudo cairia do céu. Mas ele viu que a tarefa seria bem mais difícil do que imaginava. Quando o recém-nomeado CEO tentou assumir efetivamente o cargo, seu pai, que jurava estar aposentado, recusou-se a sair de cena. Ah, sim, ele deu o cargo, a vaga na garagem e até mesmo sua sala, mas nem uma gota de poder ao filho. (Pense num cara como Jerry Jones, dono do Dallas Cowboys – time de futebol americano da cidade de Dallas, Texas, que disputa a NFL, Liga Nacional de Futebol Americano –, que não sai do banco durante os jogos, insistindo que está "apenas assistindo".)

Ao assombrar o filho, o pai deixou claro que: (a) fundou a empresa e era o verdadeiro monarca; (b) sabia mais sobre a empresa do que qualquer um jamais saberia; (c) estava na melhor posição para guiar o crescimento da organização;

(d) se o filho mais velho quisesse dirigir a empresa, teria de seguir o esquema formulista estabelecido por seu pai.

Outro fator igualmente impertinente era que a irmã mais nova do CEO, também executiva da empresa, acreditava que tinha todo o direito de assumir o comando. Embora tivesse ficado em segundo lugar na disputa pela sucessão, estava determinada a garantir que isso não passava de um obstáculo temporário, fazendo com que o irmão parecesse um gestor medíocre, indeciso e inadequado para conduzir os negócios. Com o pai puxando o barco para um lado e a irmã para o outro, o filho sentia-se paralisado.

Seu problema era o seguinte: pendia mais a alcançar a popularidade e a paz na família do que o sucesso como homem de negócios. Tinha medo de tomar decisões que pudessem gerar críticas do pai e da irmã – cada qual com interesses diferentes e o nítido desejo de vê-lo cair do cavalo –, bem como de revelar sua incompetência de conduzir a empresa e fracassar.

Em vez de desafiar essa situação ultrajante e demonstrar liderança frente à adversidade, o CEO tentou aplacar o pai e a irmã. Rapidamente, desenvolveu uma filosofia própria sem ter um plano de ação para implementá-la.

Na verdade, ele não estava administrando (ou liderando) coisa alguma: nem sua vida, tampouco a empresa da qual supostamente era o responsável.

Chegara a hora de declarar uma guerra construtiva contra si mesmo e a empresa, mas o "principal executivo" não tinha coragem para tanto. Depois de várias tentativas infrutíferas de envolvê-lo em discussões estratégicas sobre como afastar o controle da família e tomar as rédeas do negócio, sugeri uma série de ações que poderiam libertá-lo da confusão de se ver ao mesmo tempo como irmão, filho e CEO.

Certamente, chegara a hora de o CEO, encurralado no fogo cruzado entre a irmã e o pai, declarar guerra contra sua programação mental de ser um bom filho e bom irmão, e tornar-se um verdadeiro líder no cargo e na prática.

MS: Pegue seu cartão de visita e coloque-o num local visível em seu criado-mudo. Todos os dias, assim que você acordar, antes mesmo de escovar os dentes, quero que dê uma olhada no cartão e observe que, abaixo de seu nome, vem o título "CEO". Isso significa que você é que está no comando. Você é o chefe. É aquele com poder para tomar as decisões definitivas.

Ao longo do dia, não se esqueça de que cada passo seu deve ser dado com a postura de um CEO. Se isso implicar que seu pai o demitirá ou que sua irmã o ridicularizará, que assim seja. Pelo menos você terá feito a única coisa capaz de ajudá-lo a conquistar a paz e o sucesso pessoal. Você estará cumprindo sua missão como Chief Executive Officer da empresa. Terá declarado guerra às forças alinhadas contra você (pouco importa que tais forças sejam seus próprios familiares: às vezes, o mal que conhecemos é pior que o desconhecido). Você estará gerenciando a empresa, e não as vozes que sussurram a seu ouvido e que, a propósito, tentam impedi-lo de trilhar o caminho do sucesso. Não há motivos para fracassar só porque seu pai e sua irmã, e talvez vários de seus funcionários, queiram sua derrota. Muito menos para entrar num concurso de popularidade. Você é o CEO da empresa. Exerça esse papel na prática e faça a empresa crescer.

O uso simples, porém impactante, do cartão de visita mudou a vida do CEO. Ele declarou guerra. Enfrentou o pai e a irmã. Assumiu o controle. Depois de metade de um dia de conversa na sala de reunião, quando criamos seu manifesto de independência, o CEO reuniu a equipe e anunciou as seguintes diretrizes, deixando claro que elas (1) estavam em vigor a partir daquele instante e (2) eram obrigatórias:

- Todos os gerentes devem tomar as decisões do dia-a-dia com base no documento sobre estratégias apresentado a todos naquele mês de março.

- As ações e os planos atuais estão fora de sincronia com as novas diretrizes e devem ser revisados em conformidade com o documento (podemos discutir qualquer questão relacionada às novas regras, mas vocês não poderão ignorá-las).

- Qualquer membro da família que solicite que um de vocês tome uma atitude diferente ou contrária à política corporativa deve ser encaminhado a mim. (Não dê prosseguimento a esse tipo de solicitação sem minha aprovação expressa.)

- Conduzirei avaliações pessoais com todos vocês durante as próximas seis semanas. Marcus, meu assistente, informará as datas em breve.

Ele continua sendo irmão e filho. Mas, na empresa, ele é o czar. E é assim que tem de ser. Democracias parlamentares não funcionam na dura realidade dos negócios.

Façamos uma pausa por um instante. Você deve demonstrar convicção, poder de decisão, determinação, coragem e bom senso para liderar. Para administrar. Para tirar o máximo dos recursos humanos, tecnológicos e financeiros com o intuito de fazer a empresa prosperar. Sem essas características e habilidades, a unidade de negócios sob sua responsabilidade sairá do controle e passará a dominá-lo.

Isso posto, a bravata da liderança não basta. Você precisa de um projeto de como gerenciar. De uma bússola que guie suas ações quando tiver de decifrar oportunidades e enfrentar adversidades. Sem isso, você será uma presença oca – sem conteúdo algum.

Era verão quando, certa vez, viajei pelo país com o COO (Chief Operations Officer) de uma empresa diversificada e destacada no setor de moradia para idosos. Em parceria com a Lehman Brothers e outras fontes de recursos financeiros, a empresa construiu um condomínio de luxo com total assistência para pessoas da terceira idade, e administrava as propriedades. As comunidades de idosos da empresa ocupavam vários pontos do mapa nas regiões nordeste, sudeste e oeste do país. Diferentes em arquitetura, tamanho e facilidades, os condomínios tinham uma coisa em comum: praticamente todos operavam bem abaixo dos níveis de ocupação aceitáveis.

Nossa missão era descobrir o porquê e eliminar o problema.

À medida que o COO e eu examinamos a carteira de propriedades visitando os condomínios para idosos e conversando com os gerentes locais, identifiquei o culpado: era simplesmente a falta de direcionamento da empresa aos responsáveis por administrar as instalações de maneira rentável.

Um cenário típico. Voamos no jatinho da empresa até o aeroporto de West Palm Beach, na Flórida, onde um automóvel particular nos levou a uma de suas requintadas instalações assistidas, com estilo e comodidades equivalentes aos de um hotel cinco estrelas. Edifícios bonitos, gramados bem cuidados, jardins tropicais – essa comunidade sênior tinha de tudo. Exceto idosos. A anêmica taxa de ocupação de 52% estava bem longe do ponto de equilíbrio. O paraíso dos anos dourados estava numa verdadeira sangria financeira.

Durante a nossa conversa com o gerente local, o COO foi ficando cada vez mais nervoso e frustrado.

COO:	Estamos gastando uma fortuna em propaganda neste mercado. Quantos clientes potenciais nossos anúncios têm gerado?
GERENTE LOCAL:	Pessoas que vêm visitar o condomínio?
COO:	Quem mais poderia ser?
GL:	Perguntei somente porque algumas pessoas ligam demonstrando interesse e nunca aparecem.
COO:	Por que isso acontece?
GL:	Não tenho a menor idéia.
COO:	Você nunca procurou saber por que eles não aparecem? Nunca ligou para perguntar se poderia agendar uma visita? Se você poderia apanhá-los de limusine caso não tenham carro ou não possam dirigir em função da idade?
GL:	Temos permissão de oferecer esse tipo de transporte gratuito? Disseram que todas as despesas de marketing devem...
COO:	Você recebeu ordens para atrair as pessoas para cá, caramba! [*Tentando se acalmar.*] OK, vamos voltar à pergunta original. Quantos clientes potenciais visitam o condomínio?
GL:	Cerca de duzentos.
COO:	Cerca? Você não mantém um registro das visitas?
GL:	Sei tudo de cabeça. Ninguém nunca pediu para...
COO:	E quantos desses visitantes fecham negócio conosco?
GL:	Admitimos uma média de vinte novos moradores por mês. O problema é que isso praticamente corresponde ao número de perdas, em virtude de falecimento ou doenças que os obrigam a se mudar para um asilo.
COO:	Então, a taxa fica em torno de 10%?
GL:	Sim, senhor. É mais ou menos isso. E é uma boa média considerando...
COO:	Por que 90% das pessoas que cruzam estes portões saem sem assinar um cheque?
GL:	Bem, não estamos na melhor localização da cidade e...
COO:	Você acha que posso mudar a construção? Sua missão – que você aceitou de livre e espontânea vontade – é lotar este condomínio exatamente aqui. Não posso mudar as instalações para a praia a fim de facilitar sua vida!

A essa altura, o COO levantou-se abruptamente e gritou com o gerente.

COO: Mas que droga! Estou cansado de tanto ouvir desculpas. Este local custou US$25 milhões e mais parece uma cidade-fantasma. Você tem três meses para dar uma reviravolta aqui. Três meses e nenhum minuto a mais.

Visivelmente preocupado e assustado com a explosão do COO e suas implicações, o gerente reagiu à sentença com a promessa de revitalizar o condomínio em três meses.

GL: Como farei isso, senhor?

Meu cliente teve outra explosão:

COO: Como você vai fazer isso? Sei lá! Não tenho a menor idéia. É para isso que pago seu salário.

A cena se repetiu em cada propriedade que visitamos: histeria seguida de raiva, seguida de completa falta de direcionamento.

Isso não é liderança. É "destemperança". E isso não faz nada além de colocar seus funcionários contra você. Esse cenário remete-me novamente ao projeto. Neste caso, um plano que ensinaria os gerentes locais a receber os clientes potenciais, apresentar a propriedade destacando seus pontos fortes (as instalações de luxo) e minimizando a distância dos shopping centers (oferecendo serviço de vans que levariam e buscariam os moradores de diferentes pontos da cidade), criar um banco de dados de vendas, desenvolver um processo de acompanhamento e implementar um programa de referência ao inquilino. Mas nada disso estava em vista, porque os caras da incorporadora/financeira pensavam que alcançariam o sucesso apenas focados em cálculos e tendo chiliques com os funcionários. Não eram líderes; eram um bando de nerds com calculadoras em punho.

O reconhecimento da importância da liderança – de tirar a cara do computador, das planilhas e das reuniões do Conselho e criar uma marca, uma filosofia e uma estratégia de longo prazo, com estilo e precisão – é o que torna Donald

Trump infinitamente mais bem-sucedido do que 99,9% das pessoas que se consideram magnatas do setor de imóveis.

Goste dele ou não, você há de admitir que Trump tem sido uma força há mais de um quarto de século e não dá sinais de cansaço. Ele é o líder inconteste da Trump Organization e do setor de incorporadoras dos Estados Unidos. Ao longo de sua carreira – do sucesso meteórico à falência e de volta à ribalta –, ele tem declarado uma guerra construtiva contra si mesmo e contra seus funcionários sucessivamente. Do modo como escolhe as propriedades (localização é mais importante do que a estrutura física atual), recruta e mantém os funcionários (concentrando-se em profissionais de desempenho comprovado e compartilhando os lucros com eles) e financia seus contratos (ele nunca se coloca em risco de falir novamente, lançando mão de garantias pessoais), Trump vem se renovando para um Donald cada vez melhor. Talvez mais espalhafatoso e extravagante, mas sempre ascendendo na curva da prosperidade.

Você também pode chegar lá. E só você pode fazer isso.

Desenvolva sua arma secreta pessoal

4

Isto é o que eu chamo de Momento Nuclear.

Este conceito atinge meus clientes com a força de uma bomba de megaton. Não gosto de arremessá-la. Meus clientes também detestam ser alvo delas. Mas, reiteradas vezes, é um ataque necessário. Afinal, a refinada diplomacia não dá conta de tudo como o principal ingrediente da administração inspirada e eficaz e de empresas de sucesso.

Então, o negócio é soltar bombas.

Um bom exemplo de um Momento Nuclear aconteceu quando eu estava tomando café-da-manhã na sala branca, fria e discreta de uma mansão em Knightsbridge, Londres, onde morava a Chief Operating Officer de uma empresa de produtos de saúde com sede no Reino Unido. A empresa estava numa fase de crescimento razoável em relação às tendências do setor e, incentivada por esse sucesso, Kathryn, a COO, elaborava seu plano para suceder Ian, o CEO, em 18 meses (a data anunciada para a aposentadoria do executivo).

Foi então que lancei a bomba.

M S Você acha que as pessoas na empresa a consideram melhor do que todos os outros?

KATHRYN: [*Visivelmente surpresa... perdeu o rebolado.*] Bem... deixe-me... preciso... pensar um minuto a respeito. Ou dois.

MS: Não importa. Eles não pensam assim. Com todo o respeito, eles consideram você uma gestora altamente competente – com boas habilidades em finanças, operações e formação de equipe –, mas sem a magia que Ian exala. O algo mais, o quê todo especial e irresistível que o ajudou a ganhar a coroa de CEO. Você chega às reuniões armada até os dentes, com pilhas de dados, relatórios, estudos e análises. E o Ian? Conhecemos a história, Kathryn. Ele aparece sem um pedaço de papel sequer. Nenhum documento. Nenhuma pesquisa. Nada em que se amparar. Nada que o Conselho espere, mas tem sempre algo poderoso: uma idéia que sacode a sala inteira. Uma visão tão envolvente e inspiradora que todos ficam hipnotizados. Todos gostariam de ter tido tal idéia e ficam pensando como Ian pensou nisso.

Sem ofensas, Kathryn, você traz as credenciais à mesa enquanto Ian traz a magia de criar idéias. Ele dá a impressão de que teve a idéia ao entrar na sala, quando, na verdade, planejou-a meticulosamente. Você testemunhou o impacto desse dom pessoalmente. Chegou a hora de criar sua própria mágica. A menos que consiga isso, o Conselho não respeitará seu desejo de suceder Ian, e buscarão um candidato externo.

KATHRYN: Bem, Mark. Não concordo com isso. Deixe-me expor o caso.

MS: Kathryn, perdoe-me, mas a liderança nos negócios não se trata de expor o caso. Isso funciona nos tribunais. Nós temos outro objetivo: colocá-la no cargo de CEO. E a tarefa número 1 é fazer com que o Conselho a considere melhor do que todos os outros candidatos. E isso não está acontecendo agora!

Chegara o Momento Nuclear!

Por muitas vezes, tive de forçar clientes a admitirem para si mesmos que não tinham a abordagem pessoal necessária para destacá-los entre os demais e torná-los especiais. Excepcionais. O verdadeiro mestre (e não mais um dos seguidores).

No caso de Kathryn, o alerta dado entre croissants e geléias foi o choque no sistema de que essa mulher inteligente e ambiciosa precisava. A princípio, ela relutou em aceitar a mensagem, lembrando-me de que não era Ian (como se fosse necessário) e que não pretendia ser seu clone na empresa.

KATHRYN: Maravilhoso como é, um Ian é suficiente, você não acha? O ego do homem mal cabe dentro das paredes da Abadia de Westminster. Não sei nem quero saber como imitar a performance de Ian. Meu Deus, o cara é shakespeariano. Ele não tem vergonha, não?

MS: Kay, ele é o CEO de uma empresa de renome internacional. Sua fortuna está calculada em centenas de milhões de libras. As pessoas o adoram, inclusive você e eu. Você acha que um homem como Ian pode fazer parte do grupo dos "envergonhados"?

Não estou dizendo que você deva transformar-se num Ian, mas que precisa reconhecer que ele desenvolveu um estilo que coloca uma aura de prestígio a seu redor. Você precisa fazer o mesmo. Talvez o forte dele seja a personalidade e o seu, a inteligência. Você precisa identificar algo de impacto, capaz de dar novos rumos à empresa. Por exemplo, a necessidade de voltar-se mais à inovação e ser líder mundial nesse quesito. Já faz uma década desde que a empresa trouxe uma verdadeira inovação ao mercado. Comandando uma revolução assim, você, e não Ian, estaria no epicentro do universo e demonstraria que é melhor do que todos os outros.

Kathryn refletiu profundamente no assunto durante meses e se debateu com a idéia até aceitá-la. Ela ligou para mim na noite de Ação de Graças.

KATHRYN: Na próxima segunda-feira, apresentarei a Ian e aos demais integrantes do Conselho uma proposta para criar o Centro Global de Pesquisa Nutricional. Seremos os proprietários do centro e das patentes nele desenvolvidas em conjunto com nossa empresa, mas as descobertas adicionais serão disponibilizadas para nações do mundo todo na base de licenças complementares.
O que você acha?
MS: Genial, Kay. Espero e acredito que haverá uma ligação clara entre o centro e você.
KATHRYN: Eu serei a presidente.

Ela conseguiu o que queria. Apesar de Ian continuar no cargo de CEO além da data anunciada para a sua aposentadoria, Kathryn fortalecera sua posição perante o Conselho. As inovações ainda são uma promessa, mas o retorno às raízes culturais da empresa, com base em pesquisas, ajudou a estrela de Kathryn a brilhar. A filosofia foi incentivada, em grande parte, pela família fundadora, que reunida detinha 30% das ações.

Outro Momento Nuclear verídico:

Uma empresa familiar já na terceira geração, fabricante de construções modulares, estava na iminência de uma queda livre. Por deixar de declarar guerras construtivas ao longo dos anos, acabou na decadência comum, que leva uma empresa antes prestigiada e lucrativa a passar de crescimento rápido a lento, e culmina em sua retirada total do cenário comercial.

Como e por que isso acontece? E o que poderíamos fazer a respeito?

Antes que eu conseguisse recomendar a estratégia para uma reviravolta, surgiu uma descoberta judicial. Mas, em vez de mergulhar quase exclusivamente nos documentos financeiros (a abordagem convencional em casos de reviravolta), a equipe da MSCO escolheu o caminho heterodoxo. Com base no instinto (que se demonstrou revelador), reexaminamos o histórico da empresa pela perspectiva dos folhetos e catálogos de vendas anuais. E descobrimos algo surpreendente. Algo que os números não revelariam. Algo a respeito da cultura, da liderança e do impacto que esses componentes podem ter no crescimento de uma empresa ou em seu debilitante declínio.

Com as provas em mãos, meu vice-presidente executivo e eu levamos nossa descoberta a Benjamin, o CEO. A portas fechadas, colocamos os indícios sobre a mesa.

MS: Analisamos como sua empresa tem-se apresentado ao longo dos anos e, bem, descobrimos algo bastante preocupante.

BENJAMIN: Preocupante?

Perfeito cavalheiro, impecavelmente vestido e com os modos típicos de um integrante da Ivy League – como um personagem de um romance F. Scott Fitzgerald –, Benjamin foi claramente pego de surpresa. Como se jamais tivesse ouvido a palavra "preocupante".

MS: Seu avô e, em especial, seu pai foram muito criativos no modo como posicionaram a empresa e venderam os produtos. Quebraram as regras. Desafiaram as convenções. Enquanto a concorrência anunciava em publicações voltadas a depósitos e centros de distribuição, lidas pelos gerentes das redes de fornecimento, seus antecessores anunciavam na mídia de design e arquitetura sofisticada, lida pelos executivos de nível C. Contrataram arquitetos renomados para criar construções com elementos de design exclusivos e muita personalidade, que diferenciaram sua linha de produtos da dos concorrentes.

E foram além, convidando fotógrafos de classe internacional para captar os designs da empresa de maneira arrebatadora. Essa abordagem artística contribuiu consideravelmente para tirar a empresa da norma padronizada do setor – e, portanto, tratava-se de uma aposta e tanto –, mas colocou-a em um espaço rarefeito. Criando uma nova classe em si. O mercado reagiu com entusiasmo e a companhia subiu como um foguete.

BENJAMIN: Isso me traz agradáveis lembranças dos dias de verão em que eu trabalhava como o filho do dono. O local fervilhava. Sentia a ebulição quando meu avô conduzia os negócios e depois, de maneira ainda profunda, quando aprendi tudo trabalhando com meu pai no chão de fábrica.

MS: Mas, Benjamin, aconteceu alguma coisa no caminho. Seus antecessores viam esta fábrica como uma empresa de design, como uma forma de arte. Enquanto você a enxerga como uma fábrica. Vamos trabalhar depressa, com alta produtividade e que se dane a arte. Esse pode parecer um modo seguro de reforçar os lucros, mas o senso artístico que você abandonou era o principal diferencial desta empresa. Era sua promessa de uma marca exclusiva. E tudo isso simplesmente desapareceu!

BENJAMIN: (Com o semblante bastante confuso.) Os tempos mudam. Algo sempre acontece no meio do caminho. O que você está dizendo? Acho que está fazendo alusão a alguma coisa.

MS: Com todo respeito, *Benjamin*, na última década, praticamente desde que você assumiu a liderança, o *frisson* de que falávamos desapareceu. Infelizmente, essa qualidade dinâmica agora é apenas uma lembrança agradável de outra época. Nos últimos anos, quase não houve nenhuma fagulha de criatividade ou inovação que desse a esta empresa uma vantagem competitiva. Agora, vocês seguem a rebanho: contratam arquitetos medíocres, fotógrafos mecânicos e anunciam com dezenas de concorrentes nas mesmas previsíveis publicações de distribuição, depósitos e logística.

Então, aqui está a grande questão, *Benjamin*, você esqueceu de suas raízes e de seu legado. Por quê?

Sem dúvida, eu estava desafiando Benjamin e obrigando-o a se esforçar para entender a difícil e talvez embaraçosa realidade. Não para depreciá-lo, mas a fim de ajudá-lo a declarar uma guerra construtiva. Para forçá-lo a reconhecer que o modo como conduzia os negócios era pesado demais para a empresa e que guiá-la no piloto automático a levaria à destruição.

A mensagem desencadeou um tsunami e foi como um soco na cara de Benjamin. Ouvindo tudo atentamente, ele fixou o olhar no candelabro de cristal sobre sua mesa. Durante uma eternidade (que provavelmente durou alguns segundos agonizantes), o herdeiro não disse uma palavra sequer. Não recuou. Permaneceu encarando o candelabro e quando, finalmente, resolveu quebrar o silêncio, disse algo chocante.

BENJAMIN: Acabo de perceber que estou em depressão há sete anos! Herdei uma empresa maravilhosa sem a menor idéia de como colocar minha marca exclusiva nela. E ainda não sei, como você já deve ter percebido. E o mesmo acontece em minha vida como um todo!

Uau... essa reação foi muito mais do que eu esperava! Uma bola rápida de Roger Clemens foi rebatida como um foguete de volta ao *mound* (pequena elevação onde fica o lançador num jogo de beisebol). E acertou em cheio a cabeça do lançador – eu. Mas eu cavouquei isso. E não podia me defender. Nem queria. Tive de encarar um demônio semelhante quando levei o martelo para a MSCO. Como todos devemos fazer, quando nos forçamos a avaliar o que e como fazemos para que possamos admitir a verdade e, munidos de conhecimento, dominar a continuidade do sucesso.

Certamente, não é comum a maneira como a revelação atingiu Benjamin. Entretanto, sua falta de conhecimento de como identificar e adotar um estilo de liderança é bastante corriqueira. A verdade é que todos nos acomodamos com nossa maneira de agir. Acabamos ligados no piloto automático. Mas precisamos reconhecer, admitir e reverter esse quadro, analisando o que fazemos como gestores de maneira esquemática e perguntando a nós mesmos, o tempo todo, se podemos realizar uma mudança substancial que levaria nossa unidade de negócios (esteja ela prosperando ou patinando) a patamares mais altos. A resposta é sempre afirmativa.

BENJAMIN: Comecei a trabalhar aqui como assistente. As pessoas que se reportavam a meu pai eram meus chefes. Quando assumi o comando, deixei que elas detivessem o controle. Elas arrasavam cada idéia que eu apresentava até que eu simplesmente desisti. Depois de certo tempo, isso se tornou um hábito. Parei de tentar. Tinha medo de lutar. Então, há anos estou aqui deixando que meus subordinados, as pessoas a quem dou emprego, não somente me usem, como também me impeçam de ser um líder.

Estou envergonhado em admitir, mas essa é a mais pura e dolorosa verdade.

No final, Benjamin aprendeu a lidar com a situação. A revelação, a depressão e a culpa que experimentou naquele dia fizeram com que fosse para a casa como um homem derrotado. Mas não por muito tempo. Absorveu o impacto, pensou no assunto, levantou-se do chão e declarou guerra a seu estilo gerencial e, em seguida, à empresa. Assumindo a culpa sozinho, teve uma recuperação drástica, revertendo os anos sombrios, executando sua função com um novo senso de energia, criatividade e inovação. Retomou o legado da empresa e deixou muito claro aos que preferissem resistir à sua presença no comando que a porta da rua é a serventia da casa. Demitiu sabotadores e atravancadores, recrutou sangue novo e levou a equipe a encontrar novos meios de liderar o setor. O processo não terminou em um dia, e exigiu bastante sacrifício. Começou lentamente, foi aumentando a velocidade, a empresa reverteu os mecanismos, passando da crise ao crescimento lento, e retomando a rapidez dos anos de ouro.

BENJAMIN E KATHRYN não se conhecem. Nunca se viram, mas têm algo em comum. Como você e eu (e cada gestor), esses jovens líderes precisam de um quê a mais, um expoente, uma marca registrada que os fortaleça para enfrentar os desafios da liderança e lhes proporcione a habilidade de superar os concorrentes internos e externos em cada estágio da carreira.

Eles precisam de uma arma secreta pessoal.

Uma arma secreta pessoal é o arsenal que os guerreiros com os quais trabalhei lapidam em silêncio. É seu diferencial. Como a política "big stick"* de Teddy Roosevelt e a habilidade de Ronald Reagan como "grande comunicador". É o que os faz vencer. É como você pode vencer. (Talvez você não tenha todas as características dos lendários líderes em seu DNA, mas pode começar a identificar seus pontos fracos e fazer um esforço consciente para elevar seus padrões pessoais.)

Fiz a um jovem e promissor gerente da American Express a mesma pergunta feita a Kathryn, aquela que leva ao cerne do problema.

MS: Você acha que seus superiores o vêem acima dos demais?

GERENTE: Bem, deixe-me pensar por um instante.

MS: Não precisa. Conheço as pessoas às quais você se reporta. Elas o vêem como um bom profissional, competente e esforçado – ponto. Nem mais nem menos que isso. E é no MAIS que reside a oportunidade.

GERENTE: O que você quer dizer com "mais"? Trabalhar com mais afinco?

MS: Não. Não. Não. Esse é o erro comum. Trabalhar de maneira mais inteligente. Desenvolver sua arma secreta. Neste exato momento, você não tem uma.

GERENTE: Uma arma secreta?

MS: Exatamente. Conheço seus colegas estrelas por aqui. Eles desenvolveram as armas secretas que os definiram e os tornaram conhecidos por algo de impacto muito maior do que o levantamento de peso. São vistos como profissionais de vendas, solução de problemas, finanças corporativas ou satisfação do cliente exponencialmente melhores do que você e todos os outros que não reconhecem a importância de se desenvolver uma arma secreta.

Nota da Tradutora: A política externa de Roosevelt ficou conhecida como "big stick" devido à frase *Speak softly and carry a big stick* (*Fale com suavidade e tenha na mão um grande porrete*), inspirada num provérbio africano, que norteava sua posição. Fonte: Wikipedia.

Pessoas que desenvolveram armas secretas podem servir de mentores virtuais. Quando Russell Palmer comandava a Touche Ross (e depois as Oito Grandes empresas de auditoria que se transformaram na Deloitte & Touche), sua arma secreta era o foco na formação de equipes. Russ sabia como fazer cada funcionário sentir-se como um membro da grande família Touche Ross e entender que a família Touche fazia parte da liga de famílias como Roosevelt e Rockefeller. Lá estava Russ, com quarenta e poucos anos, o mais jovem CEO da história das Oito Grandes, e todos na empresa sentiam-se como seu irmão. Quando você comanda uma organização com milhares de pessoas, é um pequeno milagre fazer com que os funcionários sintam-se irmãos.

Mas não há mágica nisso, apenas inteligência e pragmatismo. Para criar a ilusão de família, Russ esforçou-se muito para memorizar o nome de cada parceiro e respectivo cônjuge. Quando aparecia em reuniões de parceiros e cumprimentava cada um com um "Olá, Rick e Bonnie, como estão as crianças?", todos se apaixonavam por Russ. E quando montou seu escritório em um edifício comercial em Manhattan, que, do contrário, permaneceria anônimo, criou uma sala de estar particular, onde poderia conversar com os parceiros e a equipe, parabenizá-los pelos sucessos e prestar solidariedade quando estivessem em dificuldades pessoais. Russ sabia fazer sala como ninguém. Ciente de que os parceiros das Oito Grandes elegiam seu CEO, Sr. Palmer, o político, reinou durante dez anos (antes de os estatutos da empresa o terem forçado a se aposentar). Ele sabia qual era a sua arma secreta e como usá-la de maneira poderosa.

É claro que nem todos sabem fazer sala. No MONY Group, empresa de serviços financeiros diversificados adquirida pela Axa Financial, em 2004, um dos sujeitos mais calados da casa tinha um trânsito enorme em toda a organização. Desde o dia em que adentrou a sede corporativa da MONY, esse genial advogado tributarista começou a aprender tanto sobre as implicações fiscais de cenários financeiros complexos e sobre como estruturar acordos que o pessoal de vendas não vivia mais sem ele. Trabalhava em uma organização de vendas, mas morreria de fome se tivesse de vender uma apólice de seguro de vida ou um fundo mútuo sequer. Entretanto, foi capaz de "vender-se", e essa passou a ser sua arma secreta. Transformou sua inteligência num ativo, numa arma poderosa, e, por causa disso, muitos dos acordos gigantescos eram estruturados em sua mesa. Estava determinado a alcançar o sucesso – na verdade, sua meta era *vender mais* do que os gerentes de vendas – e sua ambição o ajudou a superar a aparente incapacidade de fazer parte do círculo dos vencedores.

Há quatro manifestações de uma arma secreta:

- Ambição desmedida.
- Imaginação de desenho animado.
- Olhos de combate.
- Ceticismo em série.

Vejamos cada uma delas individualmente.

Ambição desmedida

O cerne da "ambição" reflete a necessidade de *ascender na hierarquia humana*. O nível de sua ambição pessoal, aliado às suas habilidades pessoais, é proporcionalmente equivalente à altura que você alcançará. Essa alquimia é o que conta. Só a inteligência não basta.

Pense nas pessoas inteligentes que você conhece e que nunca alcançaram um sucesso significativo na carreira. Sim, elas tiveram uma trajetória notável em instituições com reputação de verdadeiras escolas, acumularam honrarias e diplomas acadêmicos, apenas para passar a vida inteira labutando nos remansos das burocracias. Se quiser saber como tiveram esse fim, pense em ambição. Ou melhor, na falta dela.

Um conhecido meu – graduado com honra na faculdade de administração de Stanford por seu TCC (trabalho de conclusão de curso) sobre procedimentos de observância de uma seguradora de grande porte – não teve um único dia emocionante em sua carreira. Com franqueza e generosidade incomuns, admitiu ter perdido a espereza escrevendo memorandos que ninguém lia e estar maravilhado com as experiências extraordinárias que minha carreira me proporcionava. Ao saber que eu orquestrava uma excitante batalha na diretoria em nome de um cliente – trabalho que me obrigava a inúmeras viagens de Nova York para várias capitais da Europa e que instigava minhas habilidades estratégicas, criativas e analíticas –, perguntou:

ALLEN: Como você conseguiu esse emprego?

Não pensei duas vezes antes de responder.

MS:	Allen, não consegui. Olhei o mundo à minha volta e reconheci que minha modesta formação acadêmica não abriria portas para mim. Se quisesse ser bem-sucedido – envolver-me no tipo de trabalho que traria recompensas intelectuais e espirituais –, teria de criar um trabalho para mim mesmo. Então, comecei a burilar idéias que se transformaram em serviços que, por sua vez, se transformaram em uma empresa – empresa que cresce ano após ano.

Durante toda essa trajetória, recusei-me a me acomodar. Continuo buscando um sucesso cada vez maior. Surfo na onda da ambição e não me vejo saindo dela jamais. Isso não faz de mim uma pessoa formidável. Longe disso. Minha ambição apenas me proporciona um dos maiores presentes de minha vida: uma carreira emocionante e bem-sucedida.

Ambição desmedida é ambição ao quadrado. Aqueles que a possuem ou a desenvolvem conseguem:

Visualizar a vida do topo da hierarquia humana, mesmo sem experiência pessoal nessa elevada posição, ou ter fácil acesso a ele. Steven Spielberg imaginava-se como o barão de Hollywood quando ainda era um garoto de classe média fazendo filmes no quintal da casa de seus pais. A família de Spielberg não tinha qualquer ligação com os famosos estúdios de Warner, Zanuck e Pickford, mas o pequeno Stevie conseguia enxergar-se mandando em tudo aquilo.

Identificar o processo ou a metodologia para alcançar essa visão. O ex-secretário do Tesouro, Robert Rubin, começou a carreira determinado a ser um mágico de Wall Street. Mas como conseguiria isso? Jovem brilhante, recém-graduado pelo MIT, Rubin resistiu à tentação de se ver como o dono do mundo. Sabia que Wall Street estava lotada de jovens brilhantes com diplomas das melhores instituições do mundo. Bobby Rubin sabia que precisava de mais do que um título pomposo. Depois de aceitar uma oferta da Goldman Sachs, começou a ser o menino de ouro do sócio-executivo da empresa. Solicitando todo o tipo de atribuição possível do mestre, Rubin provou seu vigor, tornou-se inestimável, e voou nas asas do mentor até a posição de sócio aos 33 anos.

Assumir o compromisso íntimo de juntar-se à elite no ápice do sucesso pessoal/profissional. Dizem a si mesmos que nada abaixo dessa meta é aceitável. Ted Turner poderia muito bem ter herdado a empresa de telecomunicações do pai, uma polpuda conta bancária, aparecer no escritório vez por outra para manter a boa imagem e voar em seu jatinho até Montana para andar a cavalo no resto do tempo. Mas o Sr. Turner não escolheu esse tipo de sucesso mediano. Sabia que, a menos que estabelecesse uma empresa importante por conta própria – a não ser que criasse uma rede que faria a empresa de seu pai parecer um projeto escolar –, ele se sentiria um homem medíocre.

A ambição desmedida costuma fincar raízes por meio da percepção de que os níveis de *sucesso* geralmente aceitáveis, como um bom emprego, uma casa bacana e segurança financeira, não são medidas para um sucesso estrondoso. São impostores seguros, alcançáveis sem uma determinação excepcional. Sem uma ambição desmedida.

O ex-presidente do Conselho da Disney, Michael Eisner, expressou a idéia da seguinte forma:

Não há nada pior do que o mediano. A mediocridade é a ruína de minha existência. Prefiro ter o fracasso mais retumbante, bem como os sucessos mais celebrados, a ter simplesmente uma vida constante e medíocre.[1]

Façamos uma pausa por um instante. Perdi a conta das vezes que vi pessoas promissoras ingressarem na MSCO, subirem como meteoros e depois pararem a meio-vôo. E então, pronto: interrompem a trajetória.

Por quê? Veja um típico exemplo de conversa que prenuncia o estacionar de um sucesso estrondoso.

MS:	Tenho a impressão de que você perdeu o gás. O que está acontecendo?
ESTRELA CADENTE:	Nada. Não perdi nada. O que você quer dizer com isso, Mark?
MS:	Há alguns meses, você não sairia do escritório sem terminar o trabalho. Agora, deixa tudo pela metade. E

	você era o primeiro a chegar, não que estivesse competindo para ver quem chega mais cedo ao escritório, mas para entrar de supetão em minha sala com uma nova idéia que o havia deixado tão animado que você passara a noite em claro. Isso não acontece mais.
ESTRELA CADENTE:	O que você está dizendo?
MS:	Seu gás acabou e estou perguntando por que e para onde ele foi. Da noite para o dia, a chama simplesmente apagou.
ESTRELA CADENTE:	Mark, o trabalho é apenas um aspecto de minha vida. Tenho uma namorada que quer me encontrar em casa quando chega do trabalho. Na empresa em que ela trabalha, todo mundo sai às 17h30. Não posso ser um *workaholic*. Não se isso significa perder a mulher que eu amo.

Mas que distorção da realidade! Não que as estrelas cadentes corram o risco de se transformar em *workaholics*, mas a questão é que elas deixam pessoas sem ambição encurralá-las e obstruírem seu caminho! Dão ouvidos aos que dizem que quem está focado em ter uma carreira de sucesso está vendo apenas uma dimensão da vida. Pessoas ambiciosas e bem-sucedidas desafiam e vencem essa forma de gravidade perniciosa.

Lembro-me de quando reconheci a necessidade de adquirir uma ambição desmedida. Acabara de me formar em uma faculdade de terceira linha, tinha um diploma inútil e morava de aluguel em Manhattan. Andando pela Park Avenue em um dia quente de primavera, observei dois rapazes de cerca de 30 anos acompanhados de duas jovens bem vestidas em um restaurante elegante. Eu ganhava US$78,50 por semana. Trabalhava com verdadeiros *zumbis* que formavam fila para almoçar no refeitório da empresa às 11h30. Vendo o contraste entre minha situação atual e a dos rapazes na Park Avenue, percebi que estava seguindo na direção errada. Aliás, dei-me conta de que não tinha a menor direção. Eu estava desperdiçando minha vida. Desperdiçando minha inteligência. Foi então que decidi acelerar.

Fiz isso empregando o processo que estou sugerindo a você. Eu me vi no topo. Imaginei-me como um velocista de classe internacional antes da corrida e não parei mais. Lembro-me de quando minha esposa pediu para que eu trabalhasse menos para poder passar mais tempo com os filhos. Atendi a seu pedido e foi um grande prazer. Mas, quando as crianças se cansavam, eu voltava ao escritório para pensar, bolar estratégias e sonhar sobre como fazer minha empresa crescer. Fazia isso aos domingos, feriados e no meio da noite. E não perdi o costume. Sou assim porque adquiri uma ambição desmedida, que continua a me proporcionar experiências intensas e que enriquecem meu dia-a-dia de inúmeras maneiras.

Gestores medíocres estão dispostos a deixar os altos e baixos dos negócios seguirem seu fluxo natural, em vez de moldarem a organização de acordo com sua visão pessoal. Ou seja, deixam a vida acontecer, em vez de pegá-la pelos colarinhos e fazer com que seus próprios interesses prevaleçam. Declarando uma guerra contra ela! E é exatamente assim que sua empresa ou departamento (na verdade, a própria vida) escorre entre os dedos por forças que parecem fora de seu controle.

A boa notícia é que nunca é tarde para erguer a ambição de alguém à estratosfera. Até os 40 anos, Henry Ford contentava-se em ser um engenheiro mecânico que trabalhava na Edison Electric Illuminating Company e um inventor de máquinas no porão de sua casa. Somente depois que sua capacidade inventiva o levou ao desenvolvimento do primeiro veículo, o Quadriciclo, Ford realmente saiu do emprego para fundar a indústria automotiva que levaria seu nome e que o faria conquistar seu lugar no topo do mundo corporativo.

Henry Kravis, filho de um engenheiro petrolífero de Oklahoma que se tornou uma das forças mais poderosas e influentes de Wall Street, sempre soube o que significa ter uma ambição desmedida e o papel dela na criação de gestores de sucesso. Como aluno e professor de administração de artes e ciências, Kravis costuma dar palestras aos alunos de sua *alma mater*, a faculdade de administração da Universidade de Columbia.

Nessas palestras, descobriu que aquilo que, a princípio, muitas vezes parece uma ambição desmedida não passa de um frágil arremedo da verdadeira ambição.

Pergunto aos alunos da Columbia (de cujo Conselho faço parte): "Quantos de vocês querem ser empreendedores?" Várias mãos se levantam. Eu digo: "OK, então expliquem para mim o que isso significa." "Bem, gostaria de trabalhar na IBM." E eu digo: "Está errado, isso não conta. E você?" "Bem, gostaria de trabalhar na Procter & Gamble." E eu digo: "Você falhou também."[2]

Kravis continua até esclarecer que o genuíno espírito empreendedor e a ambição desmedida estão inexoravelmente interligados.

Um verdadeiro empreendedor é alguém que não tem uma rede de segurança sob si. Ele tem realmente uma idéia, uma visão e segue firmemente suas convicções. Você precisa ter a coragem de suas convicções. Se fizer tudo pelo consenso, não fará coisa alguma.[3]

Coragem, persistência e comprometimento... esses são os elementos básicos da ambição desmedida. Você tem orgulho de seu sucesso, em qualquer nível, mas nunca, jamais, está satisfeito com ele. Você segue com paixão e empolgação para descobrir como ser cada vez mais eficaz, criativo e inventivo. E isso garante que você fará o que for necessário para movimentar o foguete que conduz sua carreira e que suas iniciativas darão certo.

Imaginação de desenho animado

Ao longo da vida, enfrentamos uma série de responsabilidades complexas que conduzem nossos dias e tomam conta de nosso tempo: família, carreira, convenções sociais, amizades.

Lidar com tudo isso nos força a respeitar uma série de regras, horários, esquemas e expectativas que comprimem nossas idéias e ações em padrões estritos de comportamento:

- Colocar as crianças na cama.
- Responder aos e-mails.
- Escutar os recados na secretária eletrônica.
- Levar o cachorro para passear.
- Desenvolver uma estratégia de vendas extremamente competitiva.
- E assim por diante.

Desse modo, cumprimos nossas responsabilidades como pais, funcionários, membros da família, amigos e, o que mais nos interessa aqui, como gestores.

Em um nível, essa é uma forma louvável de cumprirmos obrigações. Mas há uma desvantagem aí. A pressa em *cumprir as obrigações* num estilo mecânico geralmente restringe a capacidade de atingir um sucesso excepcional. Como nos força a passar de uma tarefa para a outra, de responsabilidade em responsabilidade – tudo dentro dos códigos de conduta aceitáveis –, o paradigma social impede que a maioria de nós se envolva realmente em idéias e ações criativas e inovadoras. Parece que não sobra tempo para pensar, burilar idéias com vagar, sonhar e fantasiar. Tudo isso nos força a adotar um estilo gerencial de apagar incêndios.

Gerentes excepcionais têm consciência disso e estão determinados a fugir das limitações decorrentes desse estilo. Encontram um meio de navegar entre as convenções diárias para atingir uma zona de liberdade espiritual e intelectual onde podem se envolver em visões desenfreadas do que *poderia ser* e não *do que é*. Seu processo de pensamento assemelha-se a rascunhar; desenham imagens mentais e, invariavelmente, uma delas se torna realidade. Penso nisso como imaginação de desenho animado.

É uma brincadeira de criança? Bem, sim e não. Esse modo de pensar e viver está por trás da grandeza de Albert Einstein. Em nossa fascinação com o modo como Einstein dominava as complexas leis e os princípios científicos, geralmente esquecemo-nos do importante papel que a fantasia desempenhava em seu trabalho. Einstein expressou isso da seguinte maneira:

Tenho um tanto de artista para desenhar livremente com base em minha imaginação. A imaginação é mais importante que o conhecimento. O conhecimento é limitado. A imaginação abraça o mundo. A mais bela emoção que podemos experimentar é o mistério. Ele é a fonte da verdadeira arte e ciência. Aquele a quem seja estranha essa emoção, aquele que não pode mais parar para sonhar e empolgar-se pelo encantamento, na verdade, está morto: seus olhos estão fechados.[4]

Gestores excepcionais procuram meios de transportar idéias da imaginação para o mercado.

O fundador e CEO da FedEx, Fred Smith, transformou uma página em branco e um marca-texto em um negócio extraordinário. Durante seus anos de estudante em Yale, Smith reconheceu que o mundo estava prestes a passar por uma mudança drástica, comandada pela ainda incipiente força da tecnologia da informação. Com base nessa visão, Smith escreveu uma tese sobre o extenso impacto que a informática teria sobre a sociedade.

Quando rompeu a guerra do Vietnã, Smith alistou-se nos Fuzileiros Navais, mas manteve um quadro mental da tese desenvolvida em Yale. E foi no meio da guerra que a observação de Smith sobre o futuro da informática mesclou-se em como Rube Goldberg percebia o *modus operandi* do Pentágono para administrar sua vasta rede de fornecimento.

Fred Smith:

Nas forças armadas, havia um enorme desperdício. Os suprimentos eram praticamente empurrados, como se jogassem comida sobre a mesa. E, invariavelmente, todos os suprimentos iam para o lugar errado e não para onde eram necessários.

Observando isso e tentando pensar em meios de obter um sistema diferente de distribuição, cristalizei a idéia. A solução que eu tinha em mente era um inédito sistema integrado de transporte aéreo e terrestre. E, em vez de operar de modo linear, tentando levar as coisas de um ponto para o outro, operar de maneira sistemática. Algo parecido com os métodos das câmaras de compensação dos bancos, entende? Eles têm uma câmara de compensação no meio de todos os bancos, e cada instituição envia um funcionário para efetuar as respectivas transações. Bem, isso já foi feito no setor de transportes – os correios da Índia e da França, e a American Airlines, tentaram um sistema parecido pouco depois da Segunda Guerra Mundial. Mas os lados da demanda e da oferta não atingiram um nível de maturidade adequado. No início dos anos 70, quando dei baixa do quadro de fuzileiros, ficou claro que essa nova sociedade estava realmente surgindo. E foi então que disse: "Puxa vida! Vou tentar organizar essa idéia."

Foi assim que surgiu a FedEx...[5]

Em muitos casos, transportar idéias criativas da cabeça para o mercado requer que o gestor de sucesso (você, eu e cada um em vários pontos da carreira) desafie uma limitação auto-imposta. Isso ajudou a impulsionar a trajetória do cineasta e produtor George Lucas.

Eu era um aluno sofrível no ensino médio. Mas um acidente de automóvel ocorrido logo após minha formatura, justamente quando nos encontramos num certo tipo de encruzilhada, fez com que eu me esforçasse mais, pois percebi a fragilidade do ser humano, e eu realmente queria fazer algo importante na vida. Sofri um acidente que, em tese, não deixaria sobreviventes. Então, passei a ter este tipo de sensação: "Bem, eu me livrei dessa e agora cada dia é um dia extra. Já que tive uma segunda chance, tenho de extrair o máximo proveito dela." Então, passei a viver cada dia como se fossem dois dias a mais em minha existência. É inevitável que esse tipo de situação leve você a pensar que foi abençoado e que cada dia é um pre-

sente. A partir daí, eu quis retribuir essa bênção da melhor forma possível. Antes, quando estava no ensino médio, ficava meio que vagando por aí. Queria ser mecânico, queria ser piloto de provas, e a idéia de tentar realizar algo importante na vida não era minha prioridade. Mas o acidente fez com que eu me aplicasse nos estudos. Passei a ter boas notas. Acabei me empolgando com antropologia, ciências sociais e psicologia. Depois, consegui aperfeiçoar minhas habilidades em fotografia, até que descobri escolas de cinema.[6]

Fred Smith e George Lucas são exemplos de *sonhadores* que utilizaram a imaginação de desenho animado para criar conceitos de negócios impactantes e para se tornar gestores excepcionais, capazes de criar e comandar empresas importantes e rentáveis.

Isso está intimamente ligado ao que chamo de Success Training 101 na MSCO. Quando as pessoas entram em minha empresa – e repetidamente até que entendam a filosofia, vivam de acordo com ela ou saiam da MSCO –, são submetidas ao seguinte sermão:

MS: Você está num negócio cujo objetivo é prosperar as empresas-clientes. Não podemos alcançar essa meta sem desenvolver estratégias inovadoras e tais estratégias A+ não estão prontinhas na prateleira esperando que você as coloque em seu carrinho. Para ter sucesso nesse mercado, e na vida, você precisa alçar vôo por conta própria regularmente e PENSAR. Precisa sentar-se diante de uma página ou tela do computador em branco e registrar qualquer coisa que passe em sua mente. Precisa procurar novas idéias poderosas. Você tem de arranjar tempo para imaginar "um cenário hipotético e descobrir como transformá-lo numa situação real".

Isso é difícil, porque nossas intermináveis listas de tarefas e responsabilidades táticas nos mantêm ocupados com troca de e-mails, ligações, viagens, almoços, visitas e reuniões... tudo para seguir as regras e convenções que fazem parte da trama da vida profissional e pessoal. Mas os vencedores, os guerreiros, vez por outra, constroem uma barreira contra esse ruído diário e entram num lugar onde podem dar asas à imaginação. Onde podem pensar a partir de uma folha em branco. Onde podem sonhar. Inovar. E experimentar.

Quando falo em um seminário, aconselho o seguinte aos participantes: "Não voltem ao escritório. Não até pegarem uma das idéias ou princípios que trabalhamos aqui e assumirem um compromisso pessoal de irem além do aprendizado, colocando-o em prática no trabalho."

É tão fácil as idéias evaporarem na agitação de um dia normal de trabalho, em que você é solicitado o tempo todo a responder a e-mails, dar retorno aos recados ou participar de reuniões. A menos que reserve um tempo para explorar, identificar e implementar as enormes oportunidades escondidas em sua imaginação, você será um pensador medíocre, eternamente atolado no nível médio. Em muitos casos, a determinação de dar asas à imaginação é a linha que divide as pessoas efetivamente bem-sucedidas das que aspiram ao sucesso.

De que lado da linha você está? Líder ou seguidor? A imaginação pode fazer toda a diferença.

Olhos de combate

Carl Icahn ganhou sua fortuna e reputação como um artista da aquisição de controle (*takeover*) nos anos 80. No processo de luta contra os gostos de adversários corporativos tão determinados como Texaco, Marshall Field's e Cheeseborough-Pond's – quase sempre intimidando a administração, garantindo *greenmail** ou elevando o preço das ações (bem como o valor de seu investimento nas empresas) –, Icahn foi tachado de cruel. Na maioria das vezes, seu *modus operandi* refletia a ganância de um engenheiro financeiro preocupado apenas com seu ganho pessoal, mesmo prejudicando a cultura, os funcionários, os fornecedores e os acionistas com sua rapina corporativa. No calor da batalha, as legiões de banqueiros de investimento, advogados, operadores e CEOs forçados a bater de frente contra Icahn tiveram de se perguntar repetidas vezes:

"O que Carl quer?"

Invariavelmente, a resposta era: "Mais!"

Quer você considere Icahn uma força positiva no capitalismo de livre mercado, quer o considere um pária que abusa do sistema, é inegável que se trata de um garoto criado numa família de classe média no bairro do Queens, em Nova

---

* *Nota da Tradutora: Greenmail* é o pagamento em forma de um interesse minoritário de aquisição de controle acima dos custos de aquisição, com retorno (lucro) para um proponente desistir do *takeover* hostil.

York, que se transformou em um bilionário que venceu inúmeras vezes o *establishment* da *Fortune 500*. Como ele conseguiu isso? Trabalhando com Icahn, cheguei à conclusão de que o elemento-chave de seu sucesso é ver cada concorrente como O INIMIGO. Ele desconfia deles, espera sempre o pior, idealiza uma estratégia de batalha, desafia-os e obriga-se a extrair a emoção do processo. Em vez de agir movido por raiva ou vingança, ou pelas corriqueiras premissas financeiras, ele baseia suas decisões comerciais nos princípios destes filósofos imortais: Maquiavel, Aristóteles, Platão e Nietzsche. É por meio dessas lentes filosóficas que Icahn idealiza suas estratégias de negócios.

Quase sempre o *modus operandi* de Icahn parece cruel, frio e impessoal. E pode ser mesmo. Afinal, o ex-aluno da Universidade de Princeton, que se destacou em filosofia, foi o criador deste axioma: "Se você quer um amigo em Wall Street, compre um cachorro." Mas seu estilo feroz e belicoso, quer declarado num punho cerrado quer disfarçado na forma de um guerreiro mais diplomático e simpático, está no âmago de muitos dos gestores de maior sucesso do mundo.

Em resumo: enquanto o gestor medíocre ou incompetente estiver disposto a confiar nos concorrentes, clientes, fornecedores e em todo o elenco com quem precisa negociar até que estes se revelem desonestos, manipuladores e injustos, pois a sabedoria popular diz que esse é o modo adequado de trabalhar (você é inocente até que provem o contrário), todos os gerentes acima da média com quem trabalhei enxergam esse cenário com **olhos de combate (quase todas as pessoas com quem interagem nos negócios são vistas como INIMIGOS).**

Estão determinados a primeiro atacar, e atacar pesado, e, em seguida, continuar atacando na luta por seus objetivos. Segundo esses guerreiros, confiança, justiça e boa vontade são para bibliotecários. Sua abordagem preventiva funciona porque, enquanto os gestores mais passivos aderem ao código de conduta que restringe sua capacidade de atacar antes de negociar na base da confiança (a tradição diz que essa é a atitude civilizada), os guerreiros sentem-se livres para se mover em qualquer direção (a boa-fé não consta em seu manual de procedimentos). De seu ponto de vista, qualquer atitude diferente consiste em fraqueza e ignorância, e está fadada ao fracasso.

O General George S. Patton Jr. resumiu a filosofia dos olhos de combate em seu discurso inflamado ao Terceiro Exército em 31 de maio de 1944, véspera da invasão dos Aliados na França:

Todos os americanos de verdade amam o furor da batalha. Quando eram pequenos, todos vocês admiravam o artilheiro campeão, o corredor mais veloz, os grandes jogadores da liga principal, os boxeadores mais duros... Os americanos amam os vencedores e não toleram os perdedores. Os americanos sempre jogam para vencer...

Nada pode nos deter... Não vamos deixar o inimigo vencer. Avançaremos sem cessar e não estaremos interessados em nada além do que derrotar o inimigo. Vamos pegá-los pelo pescoço e dar um chute nos fundilhos deles...

Isso reflete os princípios de Patton para declarar e envolver-se na guerra:

- Descobrir o que o inimigo pretende, e fazer o mesmo antes dele. (Você pode pensar no "inimigo" como os concorrentes que entram e saem de sua empresa ou unidade de negócios.)
- Colocar o inimigo de joelhos. E mantê-lo nessa posição. Nunca dar a ele a chance de recuperar o equilíbrio ou a posição.
- Entrar numa perseguição implacável.

Se essa abordagem de combate aos negócios o ofende, sinto muito, mas você será derrotado inúmeras vezes pelos que tripudiam sobre sua civilidade. Nunca conheci um gestor, líder ou empresário bem-sucedido que não tenha esse espírito combativo, geralmente camuflado com uma capa de elegância.

Tive a sorte de me encontrar em particular com Clark Clifford, conselheiro de seis presidentes dos Estados Unidos e, indiscutivelmente, um dos advogados de maior sucesso que jamais atuou nos tribunais da capital da nação. Elegante, suave, de fala mansa, na superfície Clifford era o extremo oposto de Icahn. Mas será que Clifford era menos combativo que Icahn? Claro que não.

Sentado a uma majestosa mesa entalhada à mão, em seu imponente escritório em Washington, DC, Clifford – o verdadeiro epítome de um sofisticado aristocrata – dividiu comigo alguns segredos e insights de sua extraordinária carreira.

CC: Cada advogado nesta cidade invejava meus relacionamentos com os homens do Salão Oval. Você não acha que eles queriam ser o conselheiro que Truman chamou na noite antes de derrubar a bomba no Japão? É claro que sim. Mas Truman convocou a mim.

Você não acha que eles queriam ser o homem a quem Jack Kennedy ouvia quando JFK era o homem mais poderoso do planeta? Certamente, mas eu tinha essa distinção.

Esses outros advogados, lobistas, jornalistas e todo o tipo de pessoa que tem acesso a informações não-disponíveis para o público em Washington me procuravam e ofereciam generosamente sua ajuda na definição de questões em que eu estava envolvido com o presidente em exercício. Que simpático! Quanta generosidade! Que bela merda! Eu sabia o plano deles: ter acesso aos bastidores do poder e desenvolver um relacionamento próprio com o Comandante-em-Chefe. E até mesmo falar mal de mim pelas costas. E depois me suplantar. Mas eu nunca, jamais, deixei que colocassem um pé por aquela porta. Do mesmo jeito cortês que me abordavam, eu respondia com um educado: "Agradeço sua atenção, senhor, mas dispenso seus préstimos." O truque é ter um detector de conversa fiada ligado em tempo integral. Conseguia sentir o cheiro de uma armação a quilômetros de distância. Noventa por cento das pessoas que chamamos de "amigo" não passam de inimigos disfarçados.

Ceticismo em série

Todos estamos expostos a dados, boatos, teorias e axiomas nauseabundos. Todos apresentados como ciência, como verdades absolutas e incontestáveis. E, se você for como a maioria dos gestores, acaba tomando decisões com base nesse "corpo de conhecimento".

É aí que você divide a empresa com os guerreiros.

Eles reconhecem instintivamente que, assim que qualquer forma de pensamento se transforma em "verdade absoluta", não se discute mais nada, *passé, fini*.

E depois os guerreiros a desafiam, colocando-a sob os refletores. Examinam a nova premissa com um microscópio. Essa determinação em desafiar o que os outros aceitam como verdadeiro (pense nisso como **ceticismo em série**) geralmente é um modo eficaz de alcançar o sucesso inédito e sustentável na carreira. Por quê? Porque, enquanto seus colegas tomam decisões com base na fé, você insiste em obter provas. E isso costuma conduzir à verdade.

Pense no ceticismo em série demonstrado por Jonas Salk, o cientista e pesquisador americano que descobriu a vacina contra a pólio, fundador e administrador do Salk Institute. Sua descoberta histórica aconteceu quando cursava o segundo ano da faculdade de medicina na Universidade de Nova York.

Ouvimos em uma palestra que seria possível imunizar contra a difteria e o tétano usando toxinas atenuadas com substâncias químicas, ou toxóides. Na palestra seguinte, disseram que, para efetuar a imunização contra doenças virais, seria preciso permitir a infecção e que não seria possível induzir a imunidade com a chamada preparação "morta" ou atenuada com vírus quimicamente tratados.

Bem, isso me deixou intrigado. As duas afirmações não poderiam ser verdadeiras. Quando perguntei o porquê dessa divergência, a resposta foi mais ou menos "porque sim". Cerca de dois anos antes, tivera a oportunidade de passar períodos eletivos em um laboratório envolvido em estudos sobre a influenza. O vírus fora descoberto alguns anos antes e percebi a chance de testar a pergunta: Poderíamos destruir o vírus por infecção e ainda imunizar? Por meio de experimentos cuidadosamente formulados, achei que isso seria possível. E assim ocorreu a linha de investigação específica que influenciou minha carreira.

Simplesmente não aceitei o que parecia ser uma afirmação dogmática, pois havia motivos para pensar o contrário. [7]

Adotar o ceticismo em série requer uma transição crítica entre aceitar a maior parte do que se ouve e assimilar isso como fato para entender as ditas verdades absolutas como:

- Uma possibilidade que ainda deve ser provada.
- Uma mentira elaborada para melhorar a posição de quem a alega.
- Uma escola de pensamento ou um padrão de atuação aceitos como doutrina há anos, talvez gerações, mas cuja credibilidade é baseada na fé cega.

Ao procurar incorporar o ceticismo em série ao processo gerencial e empregá-lo para desenvolver sua arma secreta, passe pelas seguintes etapas:

- Quando for incumbido de executar uma tarefa de acordo com um método prescrito, pergunte a si mesmo se há uma maneira melhor de realizá-la.

- Se você estiver inclinado a confiar nas informações, intenções ou motivos de alguém, pense se essa pessoa ganharia mais enganando você ou compartilhando seu conhecimento. Lembre-se do seguinte: suas metas e as dos *adversários* podem ser diametralmente opostas. Veja este caso: um fornecedor talvez queira que você compre algo (software, serviços de consultoria etc.) que trará poucas vantagens além da comissão do *consultor*.

- Quando alguém fizer uma afirmação supostamente *verdadeira*, analise se isso é um fato ou fantasia. E exija de si mesmo (e de seus funcionários, fornecedores, bancos e consultores) a comprovação do *fato*.

Uma das melhores maneiras de criar uma presença pessoal de impacto (de ser visto como alguém acima dos outros) é tornar-se conhecido na empresa como um verdadeiro buldogue em busca da verdade por meio do ceticismo em série – e não hesitar em lançar mão dessa arma –, a fim de conduzir sua unidade de negócios para fora da zona de conforto do pensamento convencional porém equivocado. A abordagem quixotesca à inteligência e à execução está na interseção entre a verdade e a oportunidade.

Sua missão intensiva é identificar o ponto de intersecção entre a arma secreta que você pode adotar e as necessidades da unidade de negócios sob seu comando. Esse é o meio infalível de construir algo substancioso e ficar na dianteira de seus colegas – a maioria dos quais não entende estar numa corrida nem tem idéia de como vencê-la.

Desenvolvendo seu Projeto Manhattan

*O plano que mudará
o mundo... e sua vida*

Quase dois anos antes de os Estados Unidos entrarem na Segunda Guerra Mundial, o Presidente Franklin Roosevelt autorizou um plano ultra-secreto para derrotar o inimigo. Para vencer facilmente a batalha em uma vitória total e irrestrita.

A audaciosa iniciativa de Roosevelt convocou uma equipe de destacados físicos liderados por Robert Oppenheimer, a fim de desenvolver a primeira bomba atômica do mundo. Batizado como Projeto Manhattan (formalmente, o Manhattan Engineering District), o programa teve sua primeira sede na quadra de squash da Universidade de Chicago. Numa corrida contra o tempo (Roosevelt sabia que os nazistas também estavam trabalhando em uma bomba atômica), o Projeto Manhattan resultou na produção de três armas nucleares: a primeira, testada perto de Alamogordo, Novo México; a segunda e a terceira, lançadas nas cidades japonesas de Hiroshima e Nagasaki, colocando um fim na guerra contra o Japão.

O Projeto Manhattan levou a uma monumental virada na história. A idéia não é examinar como e por que o projeto funcionou. O objetivo é reconhecer que ele foi o produto de uma visão excepcional e de uma liderança decisiva. De modo semelhante, em menor proporção, os melhores gestores são visionários e decisivos. São águias. Guerreiros que definem programas de ação guiados por extraordinários planos de batalha.

Veja este caso: quando Ronald Reagan assumiu a presidência dos Estados Unidos, anunciou um plano de cem dias que iria:

- Reduzir as alíquotas do imposto de renda.
- Reconstruir as forças armadas, e buscar o fim da Guerra Fria.
- Diminuir a força dos sindicatos trabalhistas.

Esqueça o que você pensa sobre a política de Reagan. Coloque seu audacioso plano no contexto dos negócios. Com efeito, ele declarou guerra aos Estados Unidos, acreditando (muitos agora diriam *demonstrando*) que um ataque frontal conduzido em um cronograma apertado e bem definido contra as práticas e organizações estabelecidas fortaleceria a nação.

Agora, avance para o front corporativo. Se existiu uma empresa que precisou declarar guerra contra si mesma foi a IBM no início dos anos 90. Com prejuízos no montante de bilhões, a gigante, que reinou por longo tempo como o modelo de excelência corporativa, começou uma trajetória inversa do crescimento rápido para lento, seguido de uma queda lenta que adquiria velocidade cada vez maior.

Logo quando a terrivelmente humilhada Big Blue (como também é conhecida a IBM) precisava reunir toda energia, talento, ambição, determinação e a mais pura força de vontade de seu pessoal para sair da beira do precipício, os mal-acostumados tecnocratas no comando da inchada burocracia da IBM trancaram as portas de seus escritórios e esperaram a tempestade passar. Como se a vida fosse fácil assim! Como se empresas em dificuldades conseguissem se recuperar num passe de mágica! Como se uma fada madrinha balançasse a varinha mágica e fizesse cair ouro dos céus!

Em visita à sede da empresa, nos Estados Unidos, durante esse negro período de crise, encontrei uma carência total de idéias, preocupação, senso de urgência, responsabilidade e comprometimento. Parecia que nada mudara desde que a IBM explodiu no cenário da vanguarda da revolução de TI. Para quase todos na IBM, durante essa triste passagem de sua história, tudo estava perfeitamente bem. A vida era um longo horário de almoço. Os contracheques continuariam chegando.

Um tesouro nacional estava indo por água abaixo e ninguém parecia se importar. Mas quando a empresa estava prestes a implodir, o Conselho acordou e resolveu se mexer, designando um improvável salvador na pessoa de Lou Gerstner. Profissional do setor de produtos de consumo, Gerstner não sabia nada sobre tecnologia e parecia mais o azarão perfeito para os fracassados que jogaram a empresa no abismo. Eles constrangeriam Gerstner com rédeas curtas, alegou a empresa, e isso manteria a emissão de seus contracheques até o fim. Por que enfrentar a realidade agora? Eles não faziam isso há uma década. Acreditavam que tudo continuaria como estava.

E, então, Gerstner entrou em cena. E provou, desde o primeiro dia, que estava munido de um plano, e que tinha coragem para implementá-lo.

A velha guarda disse a Gerstner que criar uma nova declaração de missão seria sua prioridade máxima. Absolutamente essencial. Uma questão de vida ou morte para a nova IBM. Mas o Grande Lou deixou claro que a criação da nova IBM *não* era uma missão à moda antiga. Não, ele não criaria uma nova declaração de missão porque sabia (como todos os que trabalharam para ou na IBM, inclusive eu) que a burocracia faria um estardalhaço, e nunca colocaria a nova filosofia em prática. Ele preferiu entrar no mercado e retomar o antigo foco da IBM em vendas.

Um sinal claro do fim do velho esquema. A salva de tiros que daria início à guerra de Gerstner contra a empresa que herdara. Ele enfrentaria a verdade e admitiria o fracasso: o pessoal da IBM falava demais. Vivia na PowerPointlândia. Participava de zilhões de reuniões. Não realizava nada e não dava a mínima, por não ter coisa alguma a apresentar a não ser balanços no vermelho. Essa página estava virada. Pronto. Isso agora era passado.

O foco do Projeto Manhattan de Gerstner era desvendar o código com o qual a IBM poderia reabrir as portas e dominar o mercado de TI. Ele precisava de sua própria bomba nuclear para demonstrar que a IBM estava de volta, em grande estilo, e que um líder inteligente e audacioso estava no comando da reviravolta.

Conforme Lou adotou a mentalidade de virar a página e começar tudo de novo, componente vital desse processo intensivo, descobriu algo impactante. Ele restabeleceria a conexão com a cultura histórica da empresa, voltada às vendas. No período negro, antes de Gerstner voltar a atrelar a remuneração ao desempenho, bastava respirar para subir a escada corporativa da IBM. De agora em diante, cada um teria de vender para tanto. Nada de declaração de missão. Nada de PowerPoints. Nada de política. Para ser bem-sucedido no mundo de Lou, você teria de contribuir para o crescimento da empresa. Os aumentos de salário deram lugar a comissões e bônus. Tudo era mensurável. Nada era garantido. Uma inchada burocracia transformou-se em meritocracia de livre mercado.

E, assim, Gerstner provou ao pessoal da IBM, aos clientes, à Wall Street e à mídia que seu objetivo era assumir o controle... dar nome aos bois... assumir o comando... ele não teve medo de declarar guerra a si mesmo (para aprender como vencer em uma nova empresa num setor totalmente estranho) nem contra a então anêmica IBM. O que ele conquistou na Big Blue – e o que estou implorando para você realizar, quer dirija uma gigantesca multinacional do setor de informática quer venda lâmpadas numa loja de varejo – não foi nada fácil. A inércia dos funcionários, a burocracia sedimentada e a tirania dos medíocres assolaram Gerstner a cada passo. Armadilhas e obstáculos semelhantes provavelmente o desafiarão. Como vencê-los?

Talvez eu possa apresentar uma solução no contexto de uma experiência pessoal. Vários anos atrás, assumi, temporariamente, a administração da revista *Success*, uma publicação em dificuldades financeiras com uma trajetória longa e cheia de altos e baixos. Minha missão era estabilizar a empresa até que um novo CEO assumisse o comando. No fim da primeira semana, estava pronto para participar de uma reunião com o departamento de circulação. As coisas não andavam bem no setor de assinaturas e eu precisava descobrir por quê. Quando entrei numa surrada sala de reuniões no quarto andar do escritório, a conversa de repente transformou-se em profundo silêncio.

Sentia o cheiro de emboscada no ar.

A equipe de circulação pintara um alvo virtual em minhas costas. Podia sentir as setas envenenadas acertando-me em cheio. O novo chefe (eu), um novato no setor de publicações que não sabia patavina sobre circulação, assumia o lugar que seria *deles* por direito. Sentiam que poderiam me trucidar. Seria uma reunião daquelas. Pelo menos era o que eles pensavam.

Deixe-me parar por um momento para explicar o que um departamento de circulação faz. Para ser honesto, ninguém realmente sabe. Supostamente, eles identificam o algoritmo que transforma programas de marketing de resposta direta em assinaturas pagas. O problema é que a resposta direta é uma forma de marketing que rapidamente revela os impostores. Ninguém consegue se esconder atrás de vitórias pífias com argumentos do tipo "aumentamos o *mind share*" (notoriedade da marca) ou "elevamos o *brand awareness*" (reconhecimento da marca). Tente depositar isso no banco! Exatamente porque a resposta direta é tão transparente (mostrando em números quem está vencendo e quem está fracassando), os gurus da circulação vêm trabalhar munidos de todo o tipo de estatística rocambolesca, e dão sugestões tão propositadamente obtusas e complexas que ninguém tem a coragem de questionar, com medo de parecer ignorante. Essas são as regras de autodefesa da Sociedade Secreta dos Nerds de Circulação de Revistas.

Remova toda essa camuflagem, o jargão empertigado e os calhamaços de pesquisas, e o resumo é que deveriam elevar a circulação de modo comprovadamente lucrativo para a revista. Guarde essa idéia porque ela será importante mais adiante nesta história.

Tão logo teve início a reunião, os nerds começaram com seu discurso floreado, perguntando o que eu achava disso, daquilo, ou de alguma bobagem pretensamente científica, cientes de que eu jamais ouvira falar nisso tudo antes. Deixei o barco rolar por cerca de meia hora e, quando os gremlins estavam bem alegres com sua aparente vitória ("esse chefe não dura uma semana"), dei um basta ao pretenso linchamento com o dedo indicador em riste sobre a mesa de reunião.

Todos os olhos se voltaram para mim.

MS: Tenho de admitir que não faço a menor idéia do que vocês estão falando.

Pude ler a mente e ouvir o burburinho interno de cada um ali ("Derrubar esse cretino idiota será mais fácil do que pensávamos").

MS: Mas tenho uma pergunta: Vocês têm alguma idéia do que estão falando?

("Ei, aonde esse camarada quer chegar?")

MS: Gente, nossa circulação é uma droga. É uma droga mesmo! Um fracasso dos grandes. Sinto-me realmente constrangido e vocês deveriam sentir o mesmo.
Mas acredito que estão sossegados, pois ninguém disse uma palavra sequer que expressasse preocupação. E, no entanto, todos continuam na folha de pagamento desta revista, que já teve seus dias de glória, por anos, ou mesmo décadas, e nesse tempo todo – inclusive nos últimos anos mais difíceis – a circulação não cresceu, nem diminuiu. Nada disso, ela simplesmente foi por água abaixo.
Portanto, esta é a última reunião que tenho com esta equipe até que meu plano de cem dias para a revitalização da revista seja distribuído na próxima semana. Por quê? Porque está tudo errado. Totalmente errado. Neste momento, a única coisa que preciso saber sobre circulação é que ela está num verdadeiro caos. E preciso descobrir um modo de fazê-la voltar a crescer. A voar alto de novo. A liderar o setor. Preciso encontrar uma saída, porque vocês não a encontraram. E é isso o que vou fazer. Até lá, considerem-se na corda bamba.
A reunião está suspensa!

Com isso, saí da sala sem olhar para trás. Nem precisava. Sabia que a iniciativa traria à tona uma série de fraudes na circulação. Quando meu plano de cem dias foi anunciado, um novo VP de circulação estava à cabeceira da mesa, com poderes para tornar seu departamento o melhor do setor. Em conjunto com alguns poucos funcionários selecionados a dedo por sua mentalidade comercial, conduzimos nosso próprio Projeto Manhattan. Descobrimos um modo de derrotar o inimigo – neste caso, os concorrentes e nosso próprio legado de incompetência na direção da circulação. Nosso Projeto Manhattan levou a um plano que colocamos no contexto de cem dias para criar expectativas, impulsionar a determinação e forçar a mudança. Um prazo final e uma série de etapas específicas ajudaram a impor disciplina à equipe. À nossa equipe. À sua equipe. E a você.

Antes de continuar, há uma importante tática de declaração de guerra nas entrelinhas desta história: *saber quando sair da sala.* Quando dizer adeus e se retirar. Se você agüentar incontáveis reuniões até ferver a cabeça, as pessoas saberão que poderão prendê-lo em uma cadeira, controlar a ordem do dia e deixar assuntos sem importância se arrastarem por semanas, meses ou anos. Quando você achar que o assunto está encerrado – lembre-se, você é o líder, não um seguidor e não precisa chegar a um consenso –, saia da sala sem dizer uma palavra sequer. Deixe claro que está de olho neles e que não haverá trapaças.

Marque seu território!

Seu Projeto Manhattan é uma atitude equivalente a sair da sala e retornar com uma estratégia de batalha elaborada para levar a empresa aonde você quer chegar.

O plano deve abranger o seguinte:

- Identificar um objetivo estratégico.
- Deixar claro que esse objetivo deve ser alcançado.
- Estabelecer seu papel de comandante que assume a responsabilidade pelo sucesso do projeto.
- Explicar por que o projeto é importante para a empresa, seus funcionários, investidores e outros *stakeholders*.
- Enviar um sinal claro de que seu Projeto Manhattan não está aberto à discussão. Ele será executado. No prazo. E com o impacto máximo. Nada o deterá.

ANTES DE LANÇAR SEU Projeto Manhattan, pergunte a si mesmo: "É melhor começar por onde?" Quer você esteja lidando com uma teia de problemas complexos, quer com uma empresa na *crista da onda* com a intenção de administrar bem o crescimento decorrente desse sucesso, talvez você pense que o lugar mais lógico para começar a implementação da transformação é o *começo*. Mas qual é o começo? Seu instinto é cair de pára-quedas na fonte do problema e iniciar o processo a partir desse ponto. Mas essa pode ser a *pior* coisa a fazer.

Começar do *começo* costuma ser um sinal revelador de que você é um mala. Pode parecer paradoxal, mas *lógica* e *boas práticas* empresariais nem sempre coincidem. Se fosse assim, qualquer pensador lógico e convencional seria um guerreiro brilhante. Nunca é tão fácil assim. Portanto, o pensador e executor inusitado e iconoclasta é aquele que vence uma espécie de gênio cartesiano, graduado com honras pelas melhores universidades do mundo.

Diante de um desafio, um gerente deficitário e determinado a identificar uma solução nuclear começará montando uma força-tarefa para investigar os problemas. Para ele, esse é o início do Projeto Manhattan. O lugar seguro para começar. Sensato e conservador.

E garantido para afogar, adiar ou impedir a mudança inovadora e decisiva.

Por quê?

Porque começar pelo *começo* praticamente garante que sua mudança será experimental, preliminar e fácil de sabotar para aqueles que gostam de tudo exatamente como está. Para os que estão deitados confortavelmente em berço esplêndido.

O líder deve iniciar a mudança fazendo uma declaração audaciosa em qualquer ponto do *continuum* e acompanhando-a com uma ação que rouba a cena. Recentemente, tive uma conversa com um velho amigo, um talentoso cirurgião, que traduziu maravilhosamente a importância de se escolher o ponto certo para começar a virada. Meu amigo é especialista nos casos mais difíceis de câncer de cabeça e pescoço. Ele vem salvando muitas vidas há mais de 25 anos. Durante uma caminhada num bosque, perguntei-lhe o que torna alguém um excelente cirurgião. Ele refletiu sobre a pergunta, continuou caminhando em silêncio por alguns instantes e depois respondeu.

Um bom cirurgião percebe que nem sempre se deve começar uma operação pelo começo. É claro que a literatura médica recomenda isso, mas à medida que você adquire maturidade na profissão, aprende a analisar instintivamente, na ordem convencional e na inversa, o campo cirúrgico... e a começar por onde acredita que suas habilidades possam ser mais bem aplicadas naquele exato instante. Para aquele paciente específico. Se eu sempre começasse por onde meus professores da faculdade de medicina de Harvard me ensinaram, teria perdido pacientes que não precisavam morrer. Especialmente em situações graves, você entra em campo e ataca o problema não de forma linear, mas sim do ponto indicado por sua mente, coração, experiência e coragem como sendo o de maior impacto.

Se você quiser unir-se aos guerreiros, terá de fazer uma avaliação semelhante e agir com base nela. Quando meu amigo tem um paciente com hemorragia na mesa de operação, ele não começa medindo os sinais vitais. Em vez disso, ele interrompe o sangramento e rastreia as causas da hemorragia. Do mesmo modo, se você estiver diante de uma empresa ou unidade de negócios que precisa de uma ação drástica para administrar o crescimento, aproveitar uma oportunidade importante ou empreender uma reviravolta, não estabeleça uma força-tarefa que levará três meses para apresentar qualquer resultado. Vá ao cerne do problema e aja a partir daí, de maneira criativa e decisiva. Mesmo se essa for mais uma mudança de impacto (que mude a percepção) do que estrutural.

Veja este caso: não importa se você ama ou odeia a política de George W. Bush, é preciso admitir que sua visita-surpresa no dia de Ação de Graças às tropas americanas no Iraque foi um golpe de mestre. A viagem do presidente não mudou coisa alguma quanto à realidade da guerra. Nossos soldados continuam lutando... pessoas de ambos os lados continuam morrendo... o Iraque não tem um pingo a mais de segurança após a visita de Bush.

Contudo, essa viagem mudou *tudo*, ainda que em caráter temporário, sobre a percepção da situação iraquiana. Deixou muito claro que o Iraque não estava mais sob o controle de Saddam. Que o presidente dos Estados Unidos poderia entrar naquele país e dele sair quando bem entendesse. Que o Iraque estava *livre* – ainda que no sentido simbólico.

Em resumo, a visita ao Iraque foi um grande marco. Foi uma declaração notável de que Bush e os Estados Unidos tinham o firme propósito de mudar o *status quo*. (Bush não declarou guerra a si mesmo nem contra sua estratégia no Iraque, o que acabou por prejudicá-lo. Entretanto, se tivesse decidido fazer uma mudança drástica em sua tática, a visita-surpresa teria sido a maneira ideal de dar o recado.) A idéia é tomar a ofensiva. Deixar seu pessoal pronto a dizer: "Ele está decidido mesmo em relação a isso."

Todos os que trabalharam no Projeto Manhattan de Roosevelt entendiam, claramente, que o presidente estava determinado a derrotar o inimigo – não a ser justo, aberto ou humano –, mas sim a vencer. Ao formar e fortalecer o Projeto Manhattan, ele demonstrou liderança num momento e num cenário em que a vitória demandaria um esforço extraordinário. Você enfrentará isso em sua carreira. O reconhecimento da importância de iniciar seu Projeto Manhattan, e de como executá-lo com precisão e determinação, será simplesmente vital.

Ao dar o pontapé inicial em seu Projeto Manhattan como um gestor guerreiro, independentemente do nível em que você se encontre na organização, é preciso:

- Identificar os verdadeiros problemas e oportunidades. (Resista à tentação de dourar a pílula.)
- Atacá-los no ponto que promete causar o maior impacto. (Rejeite a bobagem de *começar pelo começo*.)
- Optar por fazer as mudanças que causarão o maior impacto. (Estanque o sangramento, desobstrua as vias aéreas e, em seguida, parta para as soluções de longo prazo.)

Quando planejar seu Projeto Manhattan, saia do escritório. Fique sozinho ou com um conselheiro de confiança. Feche a porta e pense. Pergunte a si mesmo: O que está certo? O que está errado? O que o entusiasma? O que o assusta? Reflita com isenção. Faça desenhos. Use a imaginação de desenho animado. Pegue sua varinha mágica.

Alguns anos atrás, perguntei à chefe de uma unidade de negócios de uma das mais antigas indústrias do país o que ela faria se tivesse uma varinha mágica e pudesse usá-la para efetuar uma mudança. Na época, ela esteve presa em uma queda-de-braço com outros membros da equipe gerencial. Pediu-me 48 horas para pensar a respeito e, quando nos encontramos, disse o seguinte:

BELINDA: Meu problema, se é que podemos chamá-lo assim, pertence ao teatro do absurdo. Você sabe que minha equipe é responsável por vender o produto mais antigo da empresa, aquele que todos consideram coisa do passado. Reconhecemos que o produto não teve uma morte natural. Ele foi assassinado por todos os que o trataram como uma relíquia ultrapassada. Mas reconhecemos que ele ainda é um bom produto, que precisa de uma dose cavalar de marketing, e investimos dinheiro, paixão e *sex-appeal* com base em um conceito retrô. E ele teve uma revitalização fantástica. Agora, comando uma das unidades de negócios mais agitadas da empresa. Todos querem me sabotar, pois pensam que meu sucesso os deixa com uma imagem ruim.

Para o inferno com isso: estou determinada a fazer minha unidade crescer ainda mais rápido. À medida que fui conduzindo minha equipe em todas as etapas do Projeto Manhattan, meu raciocínio evoluiu. A princípio, queria começar batendo de frente com os VPs departamentais mais irascíveis, cuja única diversão parece ser boicotar cada idéia e cada ação que tomo. Queria confrontá-los, descobrir algum segredo escuso, revelar a todos seus erros e desmascará-los como os verdadeiros inimigos do progresso que são. Queria que toda a organização soubesse que são verdadeiras fraudes, traidores e gremlins que mantêm a empresa como refém. Queria vê-los no olho da rua, algemados, com Eliot Spitzer [procurador-geral de Nova York] lendo seus direitos. Eu estava louca!

Mas percebi que, a despeito das recompensas psicológicas que isso traria, o conseqüente tumulto dificultaria a conclusão daquela fase de execução de meu projeto. Podia imaginar o turbilhão de politicagens e contragolpes atacando-me de todo lado.

Então, decidi usar minha varinha mágica de maneira mais produtiva: levaria o CEO e o COO para almoçar fora, mostraria a eles minha estratégia e pediria que iniciassem uma política que oferecesse alternativas para alcançar os objetivos sem a interferência dos retranqueiros políticos e sem ter de perder tempo, lidando com a carnificina que meus instintos promoveriam a princípio.

Colocar em prática seu Projeto Manhattan é um assunto sério. Por ser a mãe de tudo o mais que pode ser chamado de projeto, essa iniciativa nuclear implica enormes riscos. Você está colocando muitas coisas em jogo. Está declarando que realizará importantes iniciativas. Você cumprirá sua palavra ou essa será uma falsa promessa? Provará que é um gestor guerreiro ou um tigre de papel? Está tudo em jogo agora.

O maior erro que você pode cometer é não dar tudo de si em seu Projeto Manhattan. Empolgar-se no início, como é inevitável, e depois deixar o barco correr. Aceitar o fracasso. Entretanto, é muito comum ver um Projeto Manhattan começar com enorme alarde, rufar de tambores, salva de canhões e tudo o mais, e depois simplesmente ir por água abaixo. Tornar-se o programa-sensação que logo passa, como uma chuva de verão.

Como isso acontece? O cerne da questão está no tipo de gestão que deixa a desejar. Mais do que qualquer outro trunfo, os gestores excelentes gozam de credibilidade. Ninguém duvida da seriedade do que eles dizem. Quando Bill Gates declarou que iria atrás de um mecanismo de busca para competir com o Google, ninguém pensou que ele estivesse brincando. Quando Sandy Weill declarou que pretendia reorganizar o Citigroup e demitir seu aparente queridinho da vice-presidência, ninguém pensou que alguém o convenceria do contrário, nem que ele cederia à pressão do Conselho. Contudo, freqüentemente, gestores, empresários, CEOs, chefes ou líderes de departamentos – em diferentes estágios da carreira e em empresas ou departamentos dos mais diversos portes – permitem que seus Projetos Manhattan virem alvo de chacotas e encalhem em algum lugar entre o oba-oba e a linha de chegada.

Entender por que essas iniciativas entram em curto-circuito pode ajudar a evitar algumas falhas que enfraqueçam você, sua credibilidade e trajetória profissional. Estas são as armadilhas mais comuns:

- O "clima ruim" impera e o gerente busca proteção. Não existe como anunciar um Projeto Manhattan e não deixar as pessoas em polvorosa. O emprego e as verbas destinadas ao departamento delas estarão em risco. Elas terão de se esforçar mais e aumentar a perspicácia. Muitas resistirão, rogarão pragas e murmurarão. Há quem falará mal de você para um superior. Outros podem deixar a notícia vazar para a mídia. A questão é: Você é forte o suficiente para agüentar o tranco? Quando você estiver bem no meio do fogo cruzado, pense na onda avassaladora que Ronald Reagan teve de suportar quando demitiu os controladores de tráfego aéreo. *Demitiu os controladores de tráfego aéreo!* Se ele cedesse nessa única questão, teria arriscado todo o seu mandato presidencial. Reagan não cedeu, e você também não poderá vacilar. Veja se você terá coragem para levar a iniciativa até o fim, antes de pensar ou dizer as palavras "Meu Projeto Manhattan".

- Trivialidades distraem o gestor. Você conhece a manobra. Você quer realizar algo grande, importante, sensacional e, então, imprevistos começam a surgir aos borbotões.

E-mails, telefonemas, reuniões, emergências, oportunidades inesperadas, visitas não-agendadas de clientes, seu cônjuge aparece com um problema, seu filho quer mudar de faculdade. Exatamente porque você é uma pessoa determinada, que honra todos os seus compromissos, acaba atraindo essas responsabilidades e não dando a devida prioridade ao Projeto Manhattan.

Classifique isso como um erro. Um modo seguro de auto-sabotagem. Sim, você precisa cumprir suas outras obrigações, mas, no meio do Projeto Manhattan, nada é mais importante do que avançar. Todo dia, você precisa eliminar mais um item da lista para honrar seu compromisso. Se a vida apresentar empecilhos, o que certamente acontecerá, adote este princípio básico:

Fique no escritório até mais tarde e conclua seus afazeres.

- Trabalhe em casa nos fins de semana para garantir que todos os aspectos do panorama geral recebam a atenção necessária.

- Delegue a seu assistente e familiares algumas responsabilidades pessoais que eles possam assumir enquanto você estiver empenhado em uma das iniciativas mais importantes de sua carreira.

- Garanta que sua equipe não pare.

Não se esqueça que as trivialidades existiam antes de você iniciar o programa de guerra. E não desaparecerão quando passar essa fase. Descubra um modo de reduzir drasticamente a prioridade dessas minúcias até cumprir o que prometeu a si mesmo e à sua equipe. (Ninguém chega ao topo ou constrói uma formidável unidade de negócios simplesmente cuidando de cada detalhe. Isso é importante, sem dúvida, mas não é a única coisa no mundo do guerreiro.)

Um Projeto Manhattan não é um truque. É uma demonstração de determinação e estratégia gerencial. Se você estiver preparado para dar tudo de si, continuar firme, agüentar o clima ruim, forçar a barra, suportar a pressão e liderar, verá que seu esforço valerá a pena, e muito. Mais que isso. Descobrirá que ele pode levar a mudanças fundamentais em sua unidade de negócios, estabelecer sua imagem de gestor guerreiro, melhorar drasticamente sua reputação na empresa, demonstrar que você está acima dos outros e proporcionar-lhe a patente de herói que deixará sua equipe pronta a segui-lo. Para onde quer que você a conduza. Não importa quão difícil seja a missão.

Isso é PODER.

Capturando idéias com um pega-borboletas

Às vezes, imagino que sou um homem num campo, equipado com um pega-borboletas, capturando idéias.

Esse é o melhor trabalho do mundo. Dia após dia, entro no meio das maiores histórias do mundo. Histórias de pessoas e das empresas que elas comandam. Das carreiras que constroem, destroem e tentam reconstruir. Das fortunas que sonham juntar e gastar. Das políticas que as envolvem. Da inteligência, coragem, verve, medo, iniciativa, determinação e paixão que trazem ao capitalismo. Da rede familiar de lojas de móveis. Das empresas globais da lista *Fortune 500*. Do primeiro emprego. Do que elas desejam ser algum dia.

Em cada cenário, estou bem no meio do fogo cruzado, sem luvas, de mangas arregaçadas, trabalhando lado a lado para ajudá-las a alcançar o sucesso. Não participo como observador. Entro para ajudar a elaborar a pauta, desenvolver a estratégia, recolher os pedaços, declarar guerra, anunciar a paz, abrir novos mercados, lançar produtos, orientar novatos e aconselhar líderes. Nada é mais inebriante. Aprendo tanto que fico mais inteligente a cada dia.

Por quê?

Por causa dessas lindas, enigmáticas, atraentes e inestimáveis *idéias*.

Gerenciar é um processo de contínua descoberta. Quem começa do zero, cresce e torna-se um líder ainda mais reconhecido e experiente alcança esse patamar, em grande parte, porque fixa o que aprende e aplica o conhecimento no processo iterativo de crescimento pessoal. São gestores que sabem, instintivamente, que o contínuo aprendizado e a aplicação do conhecimento os aprimoram e que ser uma versão melhorada de si mesmo a cada dia é um objetivo perene.

Deixe-me compartilhar com você uma série de idéias fantásticas *capturadas* ao longo de minha carreira. Você pode refletir sobre estes conceitos, adaptá-los e incorporá-los a seu estilo gerencial ou guardá-los na cabeça para usá-los na hora certa.

IDÉIA 1: Quase todas as empresas negligenciam seu maior custo: as oportunidades que poderiam aumentar o faturamento e que são perdidas por causa de uma visão distorcida ou limitada do mundo.

Vejamos a coisa do seguinte modo: as empresas gostam de ver os custos operacionais em gráficos de pizza em que cada pedaço representa uma categoria de custo.

- ▶ Aluguel
- ▶ Mão-de-obra
- ▶ Marketing
- ▶ Diversos
- ▶ Viagens e entretenimento
- ▶ Serviços de informática e telecomunicações

No entanto, a contabilidade mais precisa (em termos de alavancagem de oportunidades de negócios) consiste em consolidar todos os custos tradicionais em um único pedaço da pizza, e alocar o saldo entre os outros pedaços, que perfazem o valor maior, porém mais comumente ignorado: O CUSTO DAS OPORTUNIDADES.

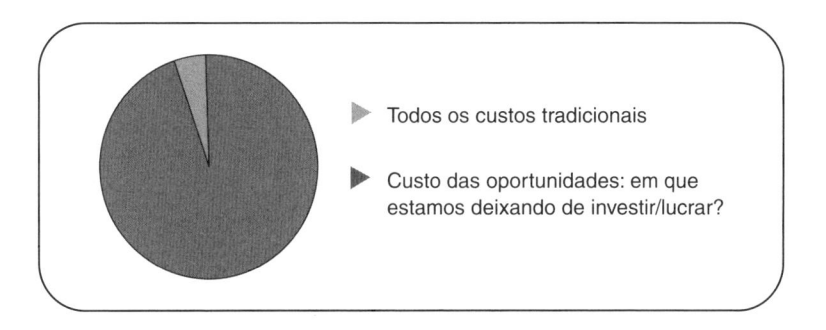

- ▶ Todos os custos tradicionais
- ▶ Custo das oportunidades: em que estamos deixando de investir/lucrar?

A questão é: enquanto você se concentra nos custos operacionais (até aí, tudo bem), o preço de deixar de fechar o máximo de negócios possível representa um ônus maior para as finanças de sua unidade de negócios e, por sua vez, para o seu desempenho como gestor. Pense assim: com o passar do tempo, cada empresa, unidade de negócios ou departamento acaba crescendo, porém sem a capacidade de enxergar o que acontece a seu redor. Isso porque a administração não pergunta:

- Para quem mais podemos vender?
- Em que novos mercados podemos penetrar?
- Como podemos efetuar vendas cruzadas com mais eficácia?
- Temos flexibilidade para aumentar os preços?

Todas essas são oportunidades que a empresa deixa de explorar. O gráfico de custos revisado deixa claro que o foco nos custos tradicionais e tangíveis é míope e surpreendentemente prejudicial ao destino da empresa. Isso porque ele se fixa no lado das despesas do razão e quase não presta atenção ao lado da receita. Justamente onde surge o crescimento. Com isso em mente, você optará por explorar cada oportunidade de ampliar seu modelo empresarial sem colocar em risco o posicionamento e a proposta de valor atual de sua empresa no mercado. Além de identificar o custo das despesas operacionais, você precisa analisar o preço de ignorar ou negligenciar as oportunidades.

Quando você alcança esse objetivo difícil, mas perfeitamente viável, a empresa cresce, quase sempre de modo exponencial, criando uma enorme vertente de vendas e lucros que podem ser alavancados com investimentos modestos. A lição aqui é criar um novo gráfico, pendurá-lo na parede, analisá-lo com seus funcionários e incorporar o impulso incansável rumo às oportunidades em sua programação gerencial.

IDÉIA 2: Vez por outra, você se dá conta de que está fazendo o trabalho de todos os seus subordinados. Isso: (a) desmoraliza seus colaboradores, que acabam pensando que você criticará cada decisão deles; (b) desvia sua atenção das grandes decisões que podem estabelecer ou manter sua postura como líder; e (c), sobretudo, limita seu tempo para explorar e cultivar novas oportunidades.

O objetivo é evitar o Modelo de Trabalho Invertido em que os chefes trabalham e os funcionários observam.

Veja este caso: Lucy, executiva de vendas sênior de uma empresa de software de US$200 milhões, estava sofrendo dos sintomas clássicos de ser uma "mala".

- Não estava disposta a correr o risco de parecer antipática, temendo que isso prejudicasse sua capacidade de inspirar as pessoas.
- Portando, passou a agir como uma consensualista do tipo "preciso que todos me amem".

Essa mulher altamente inteligente acreditava que a maneira de demonstrar seu valor para a empresa era fazer o trabalho de seus subordinados. Entretanto, essa atitude consumia seu tempo, energia, estatura e credibilidade para fazer os negócios prosperarem.

Vejamos essa história em mais detalhes. A unidade de negócios de Lucy tinha seis gerentes de vendas regionais, cada qual liderando equipes de vendedores, dentre os quais funcionários de alto desempenho. Se você já teve a oportunidade de gerenciar vendedores, não preciso dizer que eles estão sempre reclamando de alguma coisa; isso é típico deles. E, paradoxalmente, quanto mais bem-sucedidos e bem remunerados, mais eles se queixam e sentem-se fortalecidos para passar por cima do chefe e falar diretamente com o principal executivo de vendas ou com o CEO.

Isso torna o gerenciamento de uma força de vendas um trabalho difícil. Sem dúvida, seus vendedores da linha de frente são essenciais, especialmente os de melhor desempenho, mas isso não significa que eles possam passar por cima de seus gerentes e procurá-lo diretamente. Quando isso acontece, os vendedores estão deixando de executar seu trabalho para fazer o do gerente. E você perde um tempo tão absurdo conversando, mediando disputas e dando uma de babá que não consegue cultivar novas oportunidades (a força vital de cada empresa).

No caso de Lucy, sempre que não estavam contentes – com a taxa de comissão, com uma decisão de crédito ou seja lá com o que fosse –, seus melhores vendedores recorriam a ela para reverter decisões de seus subordinados diretos (os gerentes regionais de vendas) e apoiar a posição deles. E ela fazia isso sempre (vocês têm de me amar... vocês têm de me amar...). Ao cair nessa armadilha, Lucy corroía o poder de seus gerentes de vendas e se afundava em filigranas cabíveis a seguidores, não a líderes.

Lucy naufragava num desajuste monstruoso. Minha missão era desafiar seu comportamento autodestrutivo não com aquela baboseira motivacional, mas com fatos convincentes, apresentados em gráficos, que a ajudariam a ver não somente o erro de suas atitudes, como também, e tão importante quanto, a formidável elegância que a verdade revelava.

Para tanto, decidi mostrar a Lucy o gráfico de oportunidade/custo (que, neste caso, serviu como uma metáfora para destacar as coisas erradas e deixar fluir as grandes oportunidades). Instantaneamente, ela entendeu o custo real do Modelo de Trabalho Invertido. Reconheceu que sua tendência de fazer o trabalho dos outros, de fazer o possível para ser amada, tolhia o crescimento de sua unidade de negócios, pois a desviava de sua verdadeira função gerencial: identificar e cultivar oportunidades de crescimento. A cada dia que passava conversando, passando a mão na cabeça de vendedores e envolvendo-se em problemas dos outros, deixava de promover o avanço da empresa. Essa exibição gráfica de sua miopia incitou-a a deixar um hábito ruim e virar o Modelo de Trabalho Invertido.

No palco da reunião nacional de vendas da empresa, Lucy declarou guerra, estabelecendo a nova ordem das coisas:

- Ela não mais responderia a assuntos específicos levantados por integrantes da equipe de vendas.
- Distribuiu uma lista de responsabilidades que, daquele momento em diante, seriam de domínio exclusivo dos gerentes de vendas.
- Deixou claro que o ato de levar esse tipo de assunto diretamente a ela seria considerado uma violação às regras.

Lucy, então, começou a definir sua programação pessoal no trabalho, demonstrando que se concentraria em seu papel principal como executiva sênior e que essa atitude impulsionaria o crescimento de toda a equipe, e que agora reconhecia a trajetória de sua carreira: a identificação e a busca de iniciativas estratégicas que promovessem o aperfeiçoamento exponencial das metodologias de vendas e do cultivo de oportunidades decisivas.

A partir desse momento, Lucy ficou livre das algemas em que ela mesma se prendeu. Em seu mundo, não havia mais lugar para o Modelo de Trabalho Invertido.

IDÉIA 3: O senso comum diz que a prioridade número 1 de toda empresa é servir seus clientes. Não concordo. Você deve tratá-los como sócios de um clube exclusivo.

Como desafiar a necessidade de atender os clientes? E por que sou tão inflexível em relação a isso? Porque *servir* os clientes é uma abordagem incompleta, que leva a um modelo empresarial distorcido e ineficaz. O que realmente tem de ser feito é algo muito mais difícil e exponencialmente mais gratificante. Você precisa desenvolver uma Experiência de 360 graus para o Cliente. Assim, sua empresa envolverá os clientes por todos os lados. E, então, eles não mais serão simples *clientes*. Passarão a ser *sócios* e *convidados* de sua organização.

A Experiência de 360 graus para o Cliente

Construir sua empresa em torno de sócios e convidados, e não com a visão transacional padrão de atendimento ao cliente, implica que você e sua equipe irão:

Antecipar as necessidades	em vez de	Atender às necessidades
Superar as expectativas	em vez de	Alcançar as expectativas
Empolgá-los	em vez de	Satisfazê-los
Surpreendê-los com gestos de atenção especial	em vez de	Oferecer tudo o que eles esperam
Envolvê-los numa redoma de produtos e cuidados	em vez de	Oferecer acesso aos serviços
Garantir que eles se apaixonem por sua empresa	em vez de	Ficar satisfeito se eles gostarem de vocês
Oferecer-lhes uma infinidade de experiências e valores exclusivos	em vez de	Fechar uma venda
Comprometer-se com eles	em vez de	Estar disposto a fechar o próximo pedido

Eis a razão pela qual a experiência de 360 graus é tão importante: participo de várias reuniões com clientes por ano e conversamos sobre todos os assuntos – RH, produtividade, fluxo de caixa, operações, concorrência –, mas raramente alguém pronuncia a palavra "cliente". É como se as empresas existissem sem clientes. Como se o faturamento fosse fruto da intervenção divina. Muitas empresas ficam tão absorvidas em uma visão interna do mundo que as necessidades dos clientes acabam alijadas da estratégia.

Veja este caso: instalações de guarda-móveis ocupam pontos no mapa de Leste a Oeste dos Estados Unidos; as equipes de operações e finanças construíram e comandam essas filiais e, normalmente, não têm o cliente na tela de seu radar. Portanto, desenvolveram um sistema que sempre tratou os clientes com uma negligência ingênua. Quando empresários entram nos depósitos para verificar suas mercadorias e livrarem-se do que não é mais necessário, deparam-se com um problema adjacente ao termo "livrar-se". Como? Algumas empresas não têm uma única lata de lixo sequer em seus depósitos. Do ponto de vista do pessoal de operações, eles teriam de limpar os cestos de lixo e deixá-los sempre em ordem e isso seria uma preocupação a mais. O cliente quer os cestos, mas, no mundo dos executivos de operações, o cliente não conta. A Experiência de 360 graus para o Cliente desafia esse triste estado de coisas, e muda a maneira como as empresas se relacionam com os clientes, que precisam ser vistos como o bem mais importante das organizações.

Essa é uma experiência proativa, perceptiva, protetora, pessoal e que exige trabalho contínuo. Pense no cliente como uma pessoa ou família que está experimentando sua empresa pela primeira vez. A experiência de 360 graus foi desenvolvida para transformar o cliente em um *familiar*, cobrindo-o com todos os componentes, recursos e serviços exclusivos de sua empresa. A partir de então, é possível fortalecer um relacionamento duradouro com esse novo *integrante da família*.

Essa estratégia de linha de frente é alicerçada no princípio comprovado (pergunte ao Wal-Mart) de que *uma experiência extraordinária e um atendimento impecável conquistam clientes para a vida toda*.

IDÉIA 4: Gerentes formidáveis nunca se apaixonam por idéias e partem imediatamente para a ação. Antes, analisam todas as possibilidades e pensam nas piores hipóteses. Por quê? Porque sabem que, por trás de todo sonho, existe uma espelunca em Reno.

Você esteve em Reno, Nevada? Se você teve o *prazer*, sabe que o lugar é cheio de construções horrorosas e cassinos de gosto duvidoso.

Numa visita recente, chamou-me a atenção o fato de que, entre as luzes de néon e os totens piscando nomes como Harrah's e Golden Nugget na linha do horizonte, hotéis pequenos e sem graça sobrevivem quase em completo ostracismo.

Você ficaria numa dessas virtuais espeluncas? Duvido. Eles não têm cassinos. Não são exatamente apropriados para as férias. Como e por que eles sobrevivem ali? Foi exatamente o que perguntei a Rhonda, sócia de uma empresa local, enquanto ela me levava pela cidade para um almoço em sua indústria de plásticos. (É gozado como a indústria americana adora construir fábricas nas cercanias das capitais mais estranhas da nação.) Seu olhar confuso revelou-me que ela também refletira sobre essa mesma pergunta milhares de vezes antes. "É uma história um tanto triste", começou. "Ninguém escreve sobre isso nos guias de turismo."

E começou a contar os detalhes sórdidos.

RHONDA: Por trás das convenções empresariais e dos cassinos, existe uma subcultura dos viciados em jogo que perdem tudo, dilapidam o patrimônio da família, compram uma passagem de avião e vêm para Reno com o intuito de refazer a vida.
Algo lhes diz que estão na iminência de uma Grande Virada. Como diz a canção de Sinatra *a sorte está a seu lado*. A hora é essa. Os planetas estão alinhados.
Em um dia, às vezes em questão de horas, a Grande Virada se transforma numa Grande Roubada. E lá estão eles nas ruas: falidos, rejeitados, almas perdidas paralisadas pelo medo. A única coisa que podem fazer é reservar um quarto nesses hotéis e tentar descobrir *como* e *se* conseguirão dar um jeito na vida.

Bem, não acho que alguém que esteja lendo este livro corra o risco iminente de se tornar um desses pobres coitados de Reno. Mas, como uma pessoa de negócios, você não precisa sair do escritório para estar em perigo. Seu escritório é a capital de riscos do mundo. É o epicentro. É onde você toma decisões orçamentárias, inicia empreendimentos, faz investimentos, encontra parceiros, compra uma companhia concorrente, abre o capital da empresa e desenvolve estratégias.

Muitas de suas ações e inações (lembre-se do demônio do custo de oportunidade) envolvem riscos. Colocam em jogo seu desempenho, reputação, remuneração, posição e carreira. O axioma "Quanto maior o risco, maior o retorno" costuma ser verdadeiro, mas isso não significa que você deva jogar a prudência pela janela. Encontrar o equilíbrio entre ter disposição para encarar riscos e manter um respeito profundo pela disciplina nos negócios é o ideal. Isso se aplica especialmente quando você declara guerra (construtiva) contra si mesmo, sua unidade de negócios, seus maus hábitos e seu *modus operandi*. Quando você refletir sobre esse equilíbrio, e buscar alcançá-lo, não se esqueça também de colocar outro axioma na balança: "Quem sai na chuva é para se molhar."

Calma, explico. Onde você deve estabelecer o limite de sua tolerância aos riscos pessoais? Como você navega são e salvo nesse mar infestado de tubarões, que fica entre "gostaria de assumir este risco, mas não tenho certeza de que poderei suportar as conseqüências caso algo dê errado"?

Um dos temas deste livro é a simplicidade, e aqui as regras também devem ser simples. *Nunca assuma um risco quando a probabilidade de derrota é grande ou você terminará (metaforicamente) numa espelunca em Reno.*

Quando analiso um risco, sempre pinto um quadro com as piores hipóteses decorrentes de aceitá-lo ou rejeitá-lo. Se qualquer uma das decisões levar a um prejuízo maior, poderei me recompor e começar tudo de novo? Ou teria pouca chance de recuperação?

Ao analisar o risco, considere a importância de desenvolver e aplicar uma filosofia pessoal. Lembre-se do breve retrato do financista e artista da aquisição de controle, Carl Icahn. Ao longo de sua extraordinária carreira, ele demonstrou a importância de basear as decisões de negócios não em emoções nem mesmo em puros cálculos financeiros. As pessoas que subestimam essa figura notável, que negociam com ela e perdem, que a ameaçam e depois acabam enchendo o bolso dela de dinheiro, pensam em Icahn como um homem de finanças. Mas Carl é muito mais do que isso. É um filósofo dos negócios que demonstrou a importância e a força de fundamentar as decisões em uma filosofia.

Quando *você* encara e lida com o risco, convém evitar a abordagem comum de tomar decisões no vácuo, sem o apoio de uma filosofia pessoal. Uma linha de raciocínio que o ajudará a decidir em quais circunstâncias você aceitará um risco significativo e em quais o rejeitará. Nesse processo, reconheça que não existe certo nem errado – somente uma abordagem pessoal à tomada de decisões que seja coerente com seus pontos fortes, valores e DNA.

Pessoalmente, nunca faço nada que, caso dê errado, me deixe encurralado numa espelunca em Reno. Deparei-me com essa triste possibilidade quando quatro clientes ponto.com implodiram em 2001, deixando a MSCO com milhões de dólares em faturas de mídia que havíamos assinado em nome do cliente. Estava preocupado com a saúde financeira de minha empresa e, em última análise, de minha família. Todas as opções de como lidar com a crise passavam por minha cabeça. Por fim, consegui reduzi-las a duas saídas: (1) pedir falência, deixar os credores num beco sem saída e começar um novo negócio; ou (2) quitar a dívida e aprender a lição (sobre aceitar obrigações financeiras dos clientes) com o tormento que teria de agüentar.

Escolhi a segunda opção, autorizei meu Controller a negociar com os fornecedores e começar a pagar as faturas nas melhores condições que pudesse conseguir. Para piorar a confusão, mesmo tendo assumido o problema, novas faturas de gráficas e outros fornecedores pipocavam regularmente. A empresa entrava num buraco financeiro sem fundo: quanto mais pagávamos, parecia que maior ficava nossa dívida. Logo, eu tinha um problema de controle financeiro a enfrentar, mas isso não alterava o fato de que a MSCO devia uma nota preta, e não conseguíamos enxergar uma luz no fim do túnel.

Atolado nessa areia movediça, tive de enfrentar uma nova questão: Até onde eu iria para honrar as dívidas dos clientes? Para salvar minha empresa? Minha decisão original – dolorosa, porém adequada na época – foi liquidar a dívida, pôr um ponto final no assunto e tornar-me um homem de negócios mais prudente daí para frente.

Mas quais seriam meus limites se essas dívidas não parassem de pipocar? Sabia que poderia agüentar um *payback* de até US$5 milhões.

Mas e se a dívida chegasse a US$10 milhões? Ou US$20 milhões? Ou mais que isso? Foi aí que minha filosofia de "não apostar tudo" entrou em ação. Deixei as emoções de lado, fiz um cálculo financeiro, imbuí-me de coragem filosófica para repelir a possibilidade de ficar com uma mão na frente e outra atrás, e coloquei um limite na situação. Pagaria até uma determinada quantia e nem um centavo sequer a mais! Se as faturas continuassem pipocando, colocando minhas finanças pessoais em risco (pelo fato de eu estar financiando uma dívida de terceiro com meus próprios recursos), fecharia a empresa e daria no pé.

Estava incomodado com o fato de ficar à beira do abismo. E então tudo mudou. O Sol voltou a brilhar. As faturas deixaram de aparecer. Sim, perdi milhões de dólares de meu patrimônio pessoal. Sim, o caixa de minha empresa ficou debilitado. Mas a metodologia da MSCO continuava forte. Honramos as obrigações dos clientes. Continuamos na arena e lutamos. Atendemos a um ilustre grupo de clientes. Tínhamos o futuro a nosso lado e faríamos daquele o melhor momento da história da empresa. E logramos nosso intento. Consideravelmente. Minha filosofia de administração de riscos abriu-me uma janela para atravessar um período de adversidade e funcionou como uma rede de segurança contra o pesadelo de ficar na rua da amargura.

Chegou a hora de você pensar em sua filosofia de administração de riscos.

IDÉIA 5: Saber quando não fazer coro à voz da maioria e ter a coragem de ser o único voto contra ou a favor de alguma coisa (pense nisso como agir honestamente sozinho, no meio de um bando de piratas).

Na véspera do 11 de setembro que mudou o mundo (apenas uma estranha coincidência), recebemos uma ligação do CEO (vamos chamá-lo de Henry) de uma empresa relativamente obscura (para um negócio com o volume de US$3 bilhões de vendas anuais), integrante da lista da NASDAQ, pedindo nossa ajuda no encaminhamento de um assunto com o qual eles vinham se debatendo havia anos. Quando meu vice-presidente executivo transferiu a ligação para mim, Henry estava na linha.

HENRY: Nunca exploramos os mercados fora da América do Norte de maneira proativa, embora saibamos das grandes oportunidades internacionais, especialmente na Europa e na América Latina, onde as pesquisas demonstram uma enorme demanda por nossos produtos. Nossos fornecedores e outros parceiros nos dizem que esse seria um tiro certeiro e que poderíamos conquistar enormes fatias do mercado da noite para o dia.

Enquanto Henry filosofava sobre o assunto, eu pensava: "Quando alguma coisa é boa demais para ser verdade, provavelmente é porque se trata de uma mentira. É quase certo que falta uma peça no quebra-cabeça."

MS: Henry, com todo o respeito, se os mercados estão clamando por seus produtos – e, nesse ponto, não tenho motivos para duvidar de sua pesquisa –, por que você precisa de mim e da MSCO? Se vocês sabem vender na América do Norte, por que simplesmente não apontam suas armas de marketing e vendas para o exterior? Vocês estão preocupados em transitar entre as diferenças culturais dos mercados?

HENRY: Bem, não é bem isso. Como posso dizer? A questão é mais interna do que externa. Por esse motivo, nossa maior oportunidade – alavancar mercados no exterior – é também nosso maior desafio. Mais do que um desafio. É uma terrível dor de cabeça!

É por isso que precisamos de seus serviços.

MS: Terei prazer em verificar se poderemos ser úteis. Você pode me passar mais detalhes, Henry?

HENRY: Um número considerável de integrantes de nossa equipe acredita que deveríamos nos contentar em crescer nos mercados que conhecemos, e evitar o risco de uma expansão imprudente.

Isso era tudo o que eu precisava ouvir. Minha experiência alertou-me de que "expansão imprudente" era o código da empresa para "Vamos permanecer em nossa zona de conforto, pegar nosso contracheque e deixar que as outras empresas assumam os riscos da ambição global. Os negócios vão bem; por que bagunçar tudo agora?".

Já vi esse filme milhares de vezes. A história tem todas as características de um grupo de mentalidade tacanha e bloqueadora, que não reconhece que nenhuma empresa pode simplesmente permanecer onde está. Questões como economia, tendências de consumo e concorrência abalam as estruturas de nossa redoma de crescimento de risco zero. Toda empresa deve, conscientemente, sair de sua zona de conforto ou ficará para trás, sem sombra de dúvida.

Dez dias depois (com os aeroportos praticamente vazios em conseqüência do 11 de setembro), três integrantes da equipe da MSCO, eu e Iwere pegamos um vôo da United Air Lines para Denver. Chegamos aos escritórios da empresa e fomos encaminhados à sala de reunião no 32º andar (decorada, ironicamente, com uma fotomontagem de paisagens globais surpreendentes). Num instante, minha atenção voltou-se aos 12 executivos na sala – todos homens vestidos de terno preto e camisa branca –, cuidadosamente posicionados em torno da grande mesa de mármore como uma barricada ao contingente da MSCO. (Se o tom desta narrativa parecer um tanto ominoso, você entenderá o motivo daqui a pouco.)

Assim que entrei na sala, soube que a parada seria dura. O silêncio na sala era ensurdecedor. Nenhum integrante da equipe de Henry nos cumprimentou. Nada de um bate-papo amigável para quebrar o gelo. Nem ao menos superficiais boas-vindas. Todos, exceto Henry (que conseguiu esboçar um sorriso forçado), estavam carrancudos, de boca fechada, no mais absoluto silêncio.

O "time da casa" – Henry, seu CEO, Connor, e os outros dez executivos – sentava-se à outra ponta da mesa. Minha equipe e eu estávamos tão distantes que parecíamos ocupar uma área com um código postal diferente.

Pensei em quebrar o gelo.

MS: É a primeira vez que entramos no Superior Tribunal de Justiça, e nos declaramos inocentes.

Ninguém moveu um músculo.

Enquanto nos acomodávamos nas cadeiras estrategicamente escolhidas, Henry começou a explicar o motivo pelo qual a MSCO foi convidada para uma audiência com os príncipes da empresa. Apresentou a MSCO, ressaltando minhas credenciais como consultor corporativo que ajudou uma lista de empresas ilustres e que seria a pessoa ideal para guiá-los em seu desafio rumo ao mercado global. Isso posto, Henry fez uma parada brusca, deixando a sala em silêncio novamente. Ficou claro que chegara minha vez de continuar a apresentação e de impressionar um grupo que, a propósito, não tinha desejo algum de ser impressionado por ninguém, nem mudar um pouquinho sequer de suas práticas comerciais.

Comecei tentando apresentar minha equipe. Mas, alguns segundos depois de minhas observações iniciais, os mísseis começaram a surgir.

- "Quem são vocês?"
- "O que vocês sabem?"
- "Por que cargas d'água estão aqui?"
- "O que vocês estão vendendo?"

Foi kafkiano. Eu estava num tribunal, sujeito a um interrogatório no melhor estilo fogo cruzado, sem saber do que estava sendo acusado. E a barreira verbal passou de ruim a cáustica.

- "Por que se aventurar em águas estranhas quando ganhamos dinheiro a rodo na América do Norte?"
- "Consultores como vocês forçam empresas a assumir riscos despropositados."
- "Vocês não podem garantir que teremos sucesso em novos mercados!"
- "Realmente, não precisamos que ninguém nos diga como comandar nossa empresa."

O ataque continuou pelas quatro horas seguintes. QUATRO HORAS! Os integrantes da equipe da MSCO a meu lado – executivos experientes, eloqüentes, fortes, extrovertidos e inteligentes – emudeceram depois da primeira hora. Nenhum deles havia experimentado nada parecido com aquele batismo de fogo. Nada como aquele quase linchamento.

Eu me vi sozinho, digladiando-me com esses sujeitos de mentalidade tacanha e Henry, que agora questionava seu próprio discernimento, procurando tornar-se um catalisador da mudança.

Parte de mim dizia: "Isso é inútil. Cobre a taxa de consulta e caia fora."

Mas o outro lado dizia mais alto: "Que se danem esses caras! Diga a eles exatamente o que eles não querem ouvir."

Virei a mesa, tomei as rédeas da reunião e passei a criticá-los duramente, dizendo que estavam atolados em complacência, auto-indulgência, medo de mudança e numa gestão mecânica. E prossegui até afirmar que, a menos que declarassem guerra contra as suas próprias práticas comerciais, estariam colocando o futuro da empresa em sério risco.

Justamente quando pensei que tinha contornado as coisas, que o safanão inflamado quebrara o muro de resistência, um dos rapazes da empresa levantou-se e apontou o indicador direito bem na minha cara.

"Você está partindo do princípio de que devemos vender nossos produtos na Europa e na América Latina, mas ainda não chegamos a essa conclusão. Nem de longe. Analisamos as coisas nesta empresa. Talvez as outras organizações com as quais você trabalha façam análises precipitadas, mas não nos tornamos uma empresa tão bem-sucedida como somos agindo por puro capricho."

Fiquei chocado e empolgado.

MS: Desculpe, mas será que eu estava dormindo? Não ouvi Henry dizer que vocês têm estudado esta oportunidade há quatro anos? Vencemos a Segunda Guerra Mundial em menos tempo. Temos mercados ansiosos em ter nossos produtos. Sua própria pesquisa, corroborada por seus agentes em pontos estratégicos, levanta uma única questão:

Que diabos vocês estão esperando? Pressa? Caprichos? Senhores, o assunto nada tem a ver com isso. Estamos falando do bom e velho bom senso comercial.

Assim que as forças estavam prestes a contra-atacar, Connor, o CEO, saiu de seu proposital silêncio. Erguendo sua mão direita no ar, declarou: "Façamos uma votação."

Ele não dissera uma só palavra durante toda a reunião e agora quer uma votação? Mas que tipo de líder é este? Um verdadeiro líder não precisaria nem desejaria fazer uma votação àquela altura. Entretanto, um instante depois, Connor entraria para o meu livro de maravilhas gerenciais. De heróis corporativos. De homens e mulheres que estão acima dos outros.

Andando em torno da mesa de reunião, com a mão ainda erguida para iniciar a votação, Connor perguntou a seus tenentes: "Que outro palhaço aqui pensa que não deveríamos iniciar a expansão global como sugere Stevens? Eu repito, que outro palhaço aqui pensa que não deveríamos iniciar a expansão global como sugere Stevens?"

Voilà! O Sol atravessou as persianas e iluminou a sala. Foi quase bíblico. Todos os executivos mudaram da água para o vinho:

- "Ah sim, sem dúvida devemos fazer isso."
- "Concordo plenamente. E a MSCO é a empresa certa para nos guiar nesses novos mercados."
- "É claro que chegou a hora de agir."

Resumo da ópera: Connor lançou sua empresa numa expansão global cujos alvos eram Japão, Índia, China e América Latina, e agora está mirando a Europa Oriental. Menos de três anos depois, mais de 25% dos lucros da empresa passaram a ser gerados fora da América do Norte.

Connor demonstrou um raro dom gerencial de saber como e quando lançar mão de seu poder. Determinado a não microgerenciar, Connor sempre deixou seus executivos trabalharem com bastante autonomia.

Ele acredita que muito mais do que gerenciar suas unidades de negócios, os guerreiros as levam a atingir um crescimento excepcional. Relutante em se intrometer nos detalhes do dia-a-dia, ele aceita a briga interna de egos, dando aos gerentes autonomia para criar e defender seus próprios interesses. Mas, quando reconhece que seus subordinados não conseguem ultrapassar as disputas internas, age decisivamente e com perfeito *timing* e dramatização.

Conheço inúmeros gestores que não sabem quando dar o *voto de Minerva* e, mais cedo ou mais tarde, suas unidades de negócios pagam caro por essa falha.

Como e quando usar o poder da maneira mais eficaz:

- Quando as pessoas menos esperam, como no ataque-surpresa de Connor. (Penso nisso como assimetria.)
- Quando você acreditar que, se deixar de exercer seu poder, fará com que a empresa perca oportunidades.
- Quando um vácuo for criado, caso o líder deixe de usar sua autoridade.
- Quando você puder fazer uma afirmação que "silencie a sala" com base em seus insights, integridade, sabedoria e verdade. E quando esse *silêncio* mostrar-se uma poderosa experiência de aprendizado e um catalisador da mudança.

IDÉIA 6: Sua maior habilidade é uma faca de dois gumes: ela fortalece e limita sua empresa ao mesmo tempo.

Gene comanda uma empresa de consultoria especializada no desenvolvimento de novas versões de produtos de seguro de vida padrão: apólices para a vida inteira ou com prazos variáveis. A maior parte do setor de seguros está fixada em vender uma promessa básica: proporcionaremos a seus herdeiros uma polpuda quantia em dinheiro quando você morrer. Como a MetLife, a Prudential, a Hartford e uma legião de empresas nesse segmento altamente competitivo têm de fazer a mesma promessa, elas precisam encontrar maneiras de diferenciar seus produtos dos da concorrência. Portanto, o setor vive desenvolvendo variações do mesmo tema na forma de novos arranjos para os seguros de vida, criados para reduzir os prêmios, oferecer montantes maiores, alocar parte do prêmio como investimento em patrimônio, prorrogar os períodos de cobertura e assim por diante. Com esse marketing novidadeiro, o pessoal de vendas – peças fundamentais na geração de receita das seguradoras – conquista novos clientes. Então, se alguma empresa quiser criar e vender novas modalidades de seguro, Gene é a pessoa certa.

Gene é um cientista espacial: tem uma brilhante mente matemática, analítica e financeira para criar produtos consistentes do ponto de vista financeiro e altamente rentável para a seguradora.

Depois de quase 12 anos nesse ramo, Gene analisou a situação do setor e foi forçado a admitir que era extraordinariamente bom em desenvolver seguros de vida, mas medíocre na arte e na ciência de construir uma empresa. Com 15 funcionários e um faturamento anual de menos de US$3 milhões, Gene levou muito tempo para consolidar uma organização significativa. É como se ele tivesse uma única máquina operante: o cérebro de Gene. Gene era capaz de vender sua capacidade intelectual o dia inteiro, mas não conseguia usar seu poder de fogo em uma empresa que recrutava e comercializava outros "Genes" ou que criava softwares de desenvolvimento de seguros, ou que faziam de tudo para usar a posição exclusiva de Gene num setor próspero para construir uma empresa de US$10 milhões, US$20 milhões, US$50 milhões ou mais. Uma empresa que não dependesse unicamente de Gene. Como tantos outros empreendedores bem-dotados em uma coisa ou outra, Gene alicerçou sua empresa em um conjunto único de habilidades: a capacidade de identificar oportunidades de vendas para novos tipos de seguro de vida e desenvolver os cálculos matemáticos nos quais eles seriam baseados. Somente Gene conseguia operar essa mágica para os clientes da empresa.

Gene ganhou um bom dinheiro. Era respeitado e gostava de seu trabalho. Mas, sua empresa era desprovida de combustão interna e funcionava como carros de golfe: basta tirar o pé do pedal e ele pára. Isso não é uma empresa. É um garoto com uma barraca de sucos. Se o garoto pega um resfriado e fica de cama: nada de limonada (nem de dinheiro) hoje. As outras pessoas da empresa, cujo trabalho é lapidar as pedras brutas de Gene, são funcionários administrativos, que podem até executar suas tarefas com eficiência, mas que não são capazes de gerar receita com novos clientes, tampouco promover o crescimento orgânico com a clientela atual.

A passagem de uma empresa com motor de "carro de golfe" para um negócio "de verdade" (daqueles que prosseguem mesmo quando o gestor solta o pedal) é uma transição importante pela qual todo empresário precisa atravessar e que exige o reconhecimento de que os melhores gestores são dispensáveis (meu Deus! O ego odeia ouvir isso!).

Qualquer unidade de negócios que dependa de uma única pessoa não pode alcançar uma estatura de destaque. Ela se torna limitada – presa num beco sem saída. Vítima do chamado líder. A maior realização que alcancei na MSCO foi ter me ausentado da empresa por um ano com a tranquilidade de saber que ela funcionaria bem. Que continuaria a crescer. Essa é a marca registrada de um verdadeiro gestor. E, por sua vez, é a diferença entre uma máquina de crescimento e uma máquina "Gene".

Quando Gene analisou o crescimento da empresa, suas idéias iniciais focaram-se em marketing. Ele mudaria o estilo de propaganda, ligaria as turbinas e, pronto, a empresa começaria a voar. Mas ele rapidamente reconheceu que o problema não era fazer com que seu nome fosse conhecido em outras praças. Ele gozava de reputação invejável no setor, e novos pedidos de consultoria pipocavam espontaneamente.

O problema crucial de Gene estava em seu modo inadequado de gerenciar o negócio: excelente em termos conceituais, sofrível na execução. Em virtude de sua teimosia empresarial, ele se apegou a uma convicção quase religiosa de que tinha de tomar todas as decisões e fazer quase tudo sozinho. Em vez de ser o motor do crescimento, ele era o impedimento: um gargalo ambulante que quase paralisava a empresa.

Gene era um clássico exemplo de quem se deleita com as próprias falhas:

Devo ter cerca de 25 correios de voz diariamente à espera de uma resposta minha. Mais de três quartos deles são de clientes atuais à procura de opiniões ou querendo nos contratar para novos projetos. O restante vem de clientes potenciais que foram indicados e desejam receber mais informações. Junte a esse molho as ligações de funcionários que precisam de orientação sobre contratos de clientes e, bem, digamos que não retorno todos os chamados quando deveria. O mundo espera por mim e não tenho como aumentar o número de horas de um dia.

Por mais que Gene se esforçasse, parecia nunca conseguir controlar a empresa. Ela é quem o controlava. *Leads*, clientes, projetos, problemas, oportunidades, sucessos e fracassos – tudo no mesmo imbróglio. Perdido nessa maçaroca, Gene carecia de uma filosofia e de um processo para estabelecer a prioridade das atividades e os padrões de desempenho, delegar responsabilidades, captar e converter *leads* e cultivar os relacionamentos com os clientes de maneira proativa.

E Gene ainda se perguntava por que o "carro de golfe" dava uma parada brusca quando ele se ausentava por um único dia.

GENE: Queria poder trabalhar de um modo diferente, mais eficiente. Sei que deixo oportunidades maravilhosas escaparem pelos dedos porque não respondo a elas em tempo hábil. No entanto, ninguém mais consegue resolver os assuntos nesta empresa enquanto eu tento cavar novas oportunidades. Sou simplesmente importante demais na companhia.

O presidente da república também é importante, mas isso não o impede de delegar tarefas a um chefe de staff nem de contar com ele para cobri-lo em eventuais ausências. Se não tivesse uma pessoa assim, em pouco tempo o presidente ficaria incapacitado com os detalhes de sua função. O que, aliás, acontece com qualquer pessoa que tenha a responsabilidade de gerenciar pessoas, verbas, iniciativas, receita e lucratividade.

É por isso que as empresas e unidades de negócios precisam descobrir e implementar um modo de se manter e crescer sem que o principal executivo fique pressionando o pedal diuturnamente.

Disse a Gene que ele precisava de um chefe de staff em sua empresa, alguém que cuidasse dos detalhes dos negócios, liberando-o para exercer sua melhor habilidade: desenvolver seguros de vida inovadores e manter o bom relacionamento com os executivos seniores responsáveis por contratar os serviços de sua empresa.

GENE: Sim, mas o chefe de staff da nação geralmente é um amigo próximo do presidente. Não tenho nenhum amigo que possa me ajudar. Não consigo me ver tentando colocar um estranho para realizar esse tipo de trabalho.

Hora de declarar guerra – guerra contra a sede de controle. Contra a incapacidade de imaginar-se confiando os detalhes de sua empresa a outra pessoa – ainda que esta pudesse se tornar um importante substituto e um colaborador capaz de resgatá-lo da teia de aranha na qual Gene caíra.

Então, numa noite, Gene convidou-me para jantar em sua casa. Costumo chamar essas sessões de "jeans e estratégia". Nada de telefonemas. Nada de reuniões com funcionários. Nada de interrupções. Apenas comida, uma taça de vinho e tempo para refletir e traçar estratégias.

Durante aquela noite, ficou claro que a esposa de Gene, Nikki, tinha grande percepção e conhecimento em relação à empresa: suas finanças, clientes e funcionários; os pontos fortes e fracos de Gene, a ameaça que tais deficiências representavam para os negócios e, conseqüentemente, para a segurança financeira do casal. Nikki era extrovertida, elegante, tinha bastante personalidade e era também muito inteligente. Um exemplo clássico do que eu chamo de gerente de "meio de campo" – mas, neste caso, uma gestora com as características certas para atuar também na linha de frente.

Além disso, ela não tinha o menor pudor de dizer a Gene o que ele precisava fazer para transformar seu "carro de golfe" numa empresa. Foi então que me manifestei.

MS: Nikki, você já pensou em trabalhar na empresa?

Após um instante em silêncio, ela disse:

NIKKI: Mas tenho minhas responsabilidades com a família... meu trabalho voluntário...
MS: Nikki, você gostaria de trabalhar na empresa?
NIKKI: Bem, acho que sim... na verdade, eu adoraria.

Ao longo da conversa, que foi até altas horas, o olhar de Gene passou de ameaçado pela incerteza para aliviado ao ver que a solução do problema poderia estar em sua melhor amiga.

Um mês depois, Nikki assumiu o cargo. Enquanto analisava as questões e os desafios que a empresa enfrentava, tracei um paralelo da situação com o perfil de Nikki. Logo ocorreu-me que eles precisavam de um Chief Operating Officer (COO) e que Nikki era perfeita para o cargo. Elaborei um contrato para Gene e Nikki examinarem e assinarem, colocando as condições em bases legais. Meus objetivos eram:

- Alcançar um alto nível de especificidade.
- Evitar a informalidade entre marido e mulher. A relação seria estritamente profissional.

E assim aconteceu. Agora, depois de quatro anos trabalhando a todo vapor, Nikki é uma COO formidável, que transformou o que antes era um bando de gente sob o mesmo teto numa equipe que trabalha de acordo com estrutura, missão, tarefas específicas, planos de carreira e objetivos coletivos. Mais importante ainda: quando Gene está ocupado na criação de novos produtos (seu dom primordial), a organização continua avançando, mesmo quando o pé de Gene está a um quilômetro do acelerador. Tudo isso porque Nikki e sua equipe andam com o "pé na tábua".

Se sua organização ou departamento é um "carro de golfe" disfarçado de empresa, chegou a hora de mudar.

IDÉIA 7: Vendedores formidáveis não trabalham na mesma empresa por acaso... gestores excelentes os atraem, oferecem generosos pacotes de remuneração e fecham a porta para impostores.

Assim que nos conhecemos, desde o primeiro instante, pergunto aos gestores como é a organização de vendas deles. Preciso saber como a força de vendas de meu cliente trabalha. Como gera oportunidades. Como converte *leads* em clientes. Como se destaca da concorrência.

Invariavelmente, minha pergunta provoca uma resposta mecânica, mas aparentemente segura, do *Big Boss*: "Nossa organização de vendas é realmente muito boa. Temos uma excelente equipe de vendas."

Quero acreditar neles quando escuto isso. Até tento, como gostaria de acreditar em Papai Noel e coelhinho da Páscoa. Mas também sou um cético por natureza. Sei, por experiência própria, que uma força de vendas espetacular é sempre o subproduto de uma forte cultura de vendas, e que essas culturas não se materializam de maneira orgânica. Elas não surgem do nada. Alguém que entende o poder de vendas impulsiona a cultura. Descobre grandes talentos. Desenvolve metodologia. Treina a equipe. Trata os vendedores como estrelas. Remunera-os sem parcimônia quando apresentam um bom desempenho. E dá troféus, dinheiro, aplausos, férias gratuitas, champanhe e só falta carregá-los para as reuniões da empresa em liteiras.

Um sujeito como Michael Dell reconheceu – quando ainda era um estudante de 20 anos que montava PCs – que, se quisesse criar uma grande empresa, teria de fazer com que ela simplesmente respirasse vendas. Contratações, treinamento, promoções, remuneração – tudo seria pautado nas vendas. Sua intenção não era apenas contratar vendedores. Mais do que isso: ele os traria para uma cultura na qual pudessem desabrochar.

De modo semelhante, em seu apogeu, a Xerox tinha uma das melhores organizações de vendas do mundo. Isso não aconteceu por acaso. A Xerox fez com que acontecesse. Como? Tratando os vendedores como príncipes. Se você fosse um vendedor-estrela da Xerox, poderia voar de primeira classe para onde quer que fosse. Esse único gesto dá uma dimensão do que a Xerox fazia por sua equipe de vendas. O alto escalão entendia como tudo e todos dependiam das vendas efetuadas – e carregavam o pessoal de vendas nos ombros e os abanavam em dias de calor.

De qualquer forma, os executivos dos clientes sempre dizem: "Temos uma excelente equipe de vendas..."

E então espero o parâmetro: "É claro que a velha regra dos 80/20 ainda impera. Vinte por cento dos vendedores geram 80% das vendas."

E fico pensando: "A regra dos 80/20 novamente." Você já deve ter ouvido falar dessa *regra* milhares de vezes:

- Vinte por cento dos clientes produzem 80% do faturamento.
- Vinte por cento dos funcionários fazem 80% do trabalho.

E assim por diante!

A maioria dos gestores aceita a regra dos 80/20 como uma verdade irrefutável. O "insight" que extraem dessa máxima é concentrar atenção especial e incentivar os 20% principais porque, de uma forma ou de outra, eles têm o destino da empresa nas mãos.

Prefiro ver a questão sob outro ângulo: sempre que você se encontrar num cenário 80/20, há "algo de podre no reino da Dinamarca".

- Oitenta por cento da força de vendas é uma droga e você coloca esse pessoal em campo com a pretensão de prosperar os negócios.
- Oitenta por cento de seus funcionários são uns "malas" e você ainda paga o salário deles.

Você deve estar pensando: "O que eu deveria fazer? Mandar todo mundo embora?"

Exatamente. Você se lembra que fiz exatamente isso com meus funcionários em 2001? Não fiz isso em um dia. Não agi num momento de raiva. Não tomei essa iniciativa sem um plano. Mas, efetivamente, fiz. Estava determinado a desafiar o oximoro do senso comum que prega que temos de aceitar que 80% do grupo fique aquém das expectativas. Bobagem.

A regra dos 80/20 foi gravada nas tábulas dos Dez Mandamentos dos Negócios. Quer saber? "Moa as tábulas."

Não acredite na regra dos 80/20. Em vez disso, acredite na regra dos 100/100:

- Cem por cento dos vendedores devem ser capazes de atingir as metas.
- Cem por cento dos clientes devem ser bem atendidos.
- Cem por cento de seus funcionários devem trabalhar para fazer a empresa prosperar.

Mantenha os melhores. E livre-se do resto. Declare guerra contra a mediocridade onde quer que você a veja. E não se esqueça de olhar debaixo das rochas: é lá que ela se esconde. Depois, aperte o cinto de segurança e leve sua carreira às alturas.

Aplicando C+F+M

*A equação universal para
o crescimento eterno*

7

Enquanto você se prepara para terminar de ler este livro e concentrar tudo o que aprendeu em sua unidade de negócios, carreira e vida pessoal, gostaria que refletisse sobre uma equação formidável que pode ajudá-lo. Pense nela como um modo de concentrar todos os elementos de sua estratégia em uma fórmula simples, mensurável e administrável para alcançar o crescimento perpétuo.

Durante gerações, os físicos procuraram desenvolver a Teoria do Campo Unificado (GUT, *Grand Unifying Theory*), um paradigma para explicar toda a complexa dinâmica do mundo físico em uma estrutura conceitual concisa e irrefutável. Até hoje, ninguém conseguiu isso. As leis de Newton, a relatividade de Einstein e a teoria de cordas – todas acabam mostrando falhas. O trabalho continua, mas é muito difícil encontrar a resposta.

Isso me leva a pensar o seguinte: Existe uma equação universal que pode guiar as empresas a alcançar o crescimento perpétuo? Em minha experiência profissional – com pessoas tão diversas como Michael Bloomberg; o ex-secretário do Tesouro, Bill Simon, e com um amplo espectro de empresas atravessando todas as fases do ciclo empresarial –, tenho deparado com evidências de que a resposta é positiva. E você pode descobrir isso na busca por conquistar clientes, fortalecer o relacionamento com eles e mantê-los fiéis para sempre. Concentre-se nestes três elementos de importância crucial: conquista, fortalecimento e manutenção, e você alcançará o crescimento perpétuo.

Portanto, a teoria universal para prosperidade de sua unidade de negócios é:

$$C+F+M=CP$$

A beleza de nossa equação universal está na simplicidade. Lembre-se de que um dos principais pilares deste livro é a simplificação do processo de desenvolvimento gerencial/de negócios. Como você verá, todos os elementos da empresa – recursos humanos, finanças, produção, atendimento ao cliente, operações internas – misturam-se, formando um ou mais dos três pilares do CFM (Conquista/Fortalecimento/Manutenção). E porque o CFM concentra-se no cliente, você verá como treinar essas diversas funções e disciplinas para o objetivo mais importante de sua empresa: conquistar clientes e torná-los absolutamente felizes. Essa perspectiva o ajudará a entender a essência da idéia, a simplificar e a colocar o foco nas verdadeiras alavancas do crescimento: C + F + M. Tudo deve estar incorporado nesses propulsores essenciais de empresas que prosperam.

Veja este caso: Virginia é proprietária de uma butique de roupas femininas em um bairro alternativo de San Francisco, que passa por uma mudança com o afluxo de pessoas de classe média. Quando perguntei o que "lhe tirava o sono", ela reclamou de um medo profundo de que sua empresa não crescesse rápido o bastante e que, portanto, não chegasse ao sucesso desejado. Tradução: Virginia temia não estar conquistando um número suficiente de clientes.

Seu temor era bem fundamentado. Virginia acredita que tem a mercadoria certa, ao preço certo para a sua base de clientes, mas costuma ver pessoas entrarem na loja e saírem sem levar coisa alguma. Ela não está conseguindo conquistar novos clientes.

Espere um pouco. Virginia tem a mercadoria certa, ao preço certo para a sua base de clientes e ainda sofre com vendas fracas? O que falta nesse cenário? Que tal uma peça do tamanho da Golden Gate. O caso de Virginia lembra-me da clássica advertência de Hollywood: "Faça um filme ruim e as pessoas sairão em debandada."

O filme ruim de Virginia é que, ao contrário do que acreditava, ela não tinha os artigos certos ao preço certo. As pessoas não saem sem comprar nada de lojas com as mercadorias certas, estoque e preços eficazes. Por que Virginia não tem os produtos certos? Um foco equivocado em seus gostos pessoais.

Veja esta conversa.

MS:	Você diz que as mulheres costumam entrar em sua loja e sair de mãos vazias. Há algum item que as clientes compram em quantidades expressivas?
VIRGINIA:	Bem, não consigo manter um bom estoque de calças jeans. Elas simplesmente voam da loja.
MS:	Você já tentou alocar um espaço maior para os jeans em seu estoque?
VIRGINIA:	Não quero fazer isso.
MS:	Por quê?
VIRGINIA:	Porque não gosto de jeans. Acho que todo mundo fica com um visual desleixado usando esse tipo de roupa. Não acho que essa seja

	a maneira correta de se vestir. Acho que prefiro não vender nada a vender jeans. Vendo alguns, mas odeio essas calças.
MS:	Você está dizendo que é mais importante permanecer em sua cruzada pessoal contra uma determinada moda – no caso, o jeans – do que conquistar clientes para a sua loja. Cada vez que os clientes gritam a plenos pulmões: "Queremos jeans, jeans, jeans!", você retruca com um: "Mas que mau gosto. Que péssimo gosto!"

        Com todo o respeito, Virginia, você diz que usar jeans é um jeito horroroso de se vestir, mas o que realmente não presta é o modo como você administra sua empresa.

Sem dúvida, Virginia está perturbada por um conflito pessoal entre sua opinião quanto à aparência adequada e seu desejo de se comportar como uma mulher de negócios bem-sucedida. Ela acorda de manhã sem saber ao certo de que lado ficará: dos defensores da moda ou dos varejistas. Em vez de abrir os olhos para identificar e atender aos desejos dos clientes, ela escolhe tapar os ouvidos às solicitações justamente das pessoas que podem tornar sua empresa um grande sucesso. Prefere ignorar justamente as consumidoras que sua loja deve conquistar, com quem deve criar um relacionamento e manter como clientes valorizadas, do jeito que elas querem, e não do jeito dela (nem do seu).

O foco na equação universal da conquista, fortalecimento e manutenção do relacionamento com o cliente é o plano diretor para a gestão eficaz. É um processo vivo e pulsante que reside no cerne da liderança. Quer você gerencie uma pessoa quer uma grande organização, seja sua empresa um restaurante, um departamento de TI ou um império de mídia global, você deve ter uma estratégia central que oriente suas decisões.

Como gestor, você se defrontará com todas as questões a seguir. Em vez de respondê-las aleatoriamente, pense na equação $C+F+M = CP$, identifique em que pontos sua unidade de negócios precisa de maior poder de fogo, e tome a decisão nesse contexto.

- Como e onde devo alocar os recursos?
- Como devo estabelecer a prioridade de minhas tarefas e das atribuições de minha equipe?
- Quais são as bases de remuneração, promoção e bônus?

- Quais habilidades preciso ter e aperfeiçoar para melhorar os desempenhos pessoal e coletivo?

Com o foco na equação C + F + M = CP cravado em sua mente e em suas atitudes, toda a energia e trunfos serão direcionados ao crescimento da unidade que você gerencia. Questões irrelevantes como política corporativa, vaidade, exibicionismo e busca pelo senso comum são postas de lado.

Um exemplo simples esclarece bem o assunto e demonstra como a equação C + F + M conduz o processo gerencial rumo ao objetivo universal do crescimento perpétuo.

Em determinado momento do ano, você descobre que tem US$100 mil para investir na unidade sob seu comando. Que tal mudar a decoração do escritório, comprar um carro de luxo, aumentar sua reserva de caixa, contratar um vendedor ou desenvolver um programa de lealdade do cliente? Todas essas opções podem ser justificadas se você assim preferir. Mas as duas últimas, investir em um vendedor talentoso e criar ou aperfeiçoar o programa de lealdade do cliente, contribuirão sobremaneira para sustentar a equação C + F + M. Portanto, como gestor e líder disciplinado, você tem a base para tomar uma decisão.

Cada componente da equação C + F + M = CP deve reforçar o outro para atingir a sinergia que leva ao crescimento extraordinário. Primeiro, vamos entender os elementos básicos e ver como eles se organizam no contexto de conquista, fortalecimento e manutenção dos relacionamentos com os clientes.

Conquista

A conquista consiste no processo de identificar clientes potenciais e convertê-los em clientes efetivos. Para tanto, é necessário criar e desenvolver um conjunto integrado de ferramentas e iniciativas de marketing e vendas, com base em mensagens convincentes, na promessa de uma marca poderosa e em ofertas arrasadoras.

Vejamos a fase da conquista em ação. A Microcomputer Consulting Group (MCG) – empresa de gerenciamento de redes de computadores com sede em Manhattan e vinte anos de mercado – atingira um crescimento sólido em um mercado *commodity* como a ilhota de Manhattan, lotado de concorrentes que visam aos mesmos *prospects*. Nesse mercado, *o* fator determinante é o preço mais baixo, e a fidelidade do cliente é uma quimera. Ainda assim, a empresa realizou um trabalho de qualidade e desenvolveu uma base de clientes leais, num setor de crescimento lento e estável.

E então surgiu uma oportunidade estrondosa. Um possível meteoro. Um golaço. Ken Goldberg, CEO, foi apresentado a um software desenvolvido por X, um dos parceiros de negócios da MCG em gerenciamento de redes. A empresa analisava a idéia de licenciar o software para um grupo exclusivo de revendedores que o colocaria no mercado por meio de seus próprios canais de distribuição. MCG gostou do que viu e concordou em distribuir o software.

O produto permite que os usuários coloquem os dados em local de armazenamento seguro com uma tecnologia simples "point-and-click" (ou "aponte, clique", em tradução livre). Se você estiver trabalhando em um documento ou planilha importante e quiser proteger o arquivo contra perda, danos ou roubo, basta realçar o conteúdo, apertar a tecla Enter e, *voilà*, seus preciosos dados estarão no ciberespaço, protegidos em uma redoma virtual num local remoto. Isso tranqüiliza os usuários em questão de segundos.

É exatamente o tipo de solução simples e barata que as pessoas adoram, além de ser o tipo de invenção que enche os bolsos dos empreendedores.

O produto representava uma grande oportunidade, e Ken e seus parceiros na MCG começaram a apresentá-lo na área de Nova York. Começaram por seus clientes efetivos, apresentando a novidade como uma extensão de serviços tradicionais de gerenciamento de rede. A reação foi inexpressiva. Os clientes pareciam achar o produto interessante, mas não o bastante para comprá-lo em quantidades capazes de tornar o software um sucesso. A equipe administrativa da MCG teve coragem de investir em algo novo, mas não estava colhendo a recompensa de sua iniciativa empreendedora.

Nesse ponto, Ken perguntou se eu o ajudaria com um trabalho de consultoria. Desde a primeira reunião realizada nos escritórios da MCG, reconheci que os rapazes precisavam entender algo importante.

MS: Vocês estão vendo este software como uma nova oportunidade de vendas, mas ele é muito mais que isso. Essa iniciativa leva vocês a uma transição: da comercialização de serviços à de produtos. E existe uma enorme diferença entre essas duas vertentes. Além disso, vocês não sabem nada sobre a comercialização de produtos

	e precisam dominar o assunto rapidamente se quiserem ter sucesso nisso.
KEN GOLDBERG:	Por onde devemos começar?
MS:	Perguntando a si mesmos se vocês têm "estômago" e capital a fim de passar do que sabem vender (serviços de tecnologia) para algo totalmente novo (a venda de produtos de tecnologia em grande volume).
BARRY X:	Sei que estou falando por meus parceiros quando digo que sim.
MS:	Bom. Mas deixe-me alertá-los para o fato de que a nova seara será infinitamente mais desafiadora do que vocês imaginam e, se tudo der certo, muito mais compensadora.

Embora fossem uns caras altamente técnicos, que talvez nunca tivessem pensado em marketing na vida, os diretores da MCG haviam encontrado os primeiros incentivos para comercializar o software por conta própria. Trabalhavam de maneira inteligente e esforçada (por exemplo, apresentando o produto nos escritórios de contabilidade para os quais trabalhavam e vendo esses clientes como poderosas fontes de indicações), mas nada disso causava grande impacto. Para tanto, seria necessário um esforço formidável de marketing.

O problema número 1 era o nome do software. A equipe gerencial da MCG batizara o produto como Dupe Data (Fiquei pensando: "Será que eles fizeram um concurso do pior nome possível para escolher tamanha 'pérola'?"). O nome era idiota e estúpido e não dava a menor dica do que o produto fazia, não motivando os clientes potenciais a abrir a carteira e comprá-lo. Dupe Data? Não, obrigado.

Se bem que eu não acho que o sucesso de um produto esteja necessariamente ligado a seu nome. Não há nada de atraente em Smucker's, Heinz ou Dell. Mas sei que as pessoas precisam se apaixonar pelo produto para comprá-lo, e o nome pode ajudar a acender a chama da paixão e a espalhá-la. Portanto, é inegável o poder de nomes formidáveis como Google, Amazon, iPod, para criar o burburinho necessário durante a fase da conquista da equação C + F + M = CP e insuflar o sucesso inicial. Esses nomes excepcionais sugerem algo intrigante e agradável.

No caso de produtos de tecnologia, o nome ainda enfrenta outro desafio: deve afastar a idéia de que o produto é complexo, difícil de usar, cheio de manuais, centrais de suporte, jargão de nerds e aquela terrível sensação de "Meu Deus, por que comprei esta coisa?". As pessoas querem saber se o produto é de tecnologia avançada, mas se importam mesmo é com a facilidade de usar.

À medida que nos aprofundamos na questão, questionamos como resumir o que o software faz de um modo tão simples que qualquer leigo entendesse e como poderíamos envolver uma funcionalidade árida em um invólucro que chamasse a atenção de imediato? Depois de horas rascunhando no quadro mágico vários nomes sofríveis, um amontoado de besteira, dissemos: "Esta coisa é realmente um e-boomerang. Você pega os dados, joga-os no espaço de armazenamento e, quando precisa recuperá-los, eles voam de volta a seu PC como um pombo-correio." No entanto, como o nome Boomerang já havia sido registrado e vinculado à propriedade intelectual, votamos por redBoomerang, e conseguimos o nome de impacto que procurávamos. Assim que pronunciamos a palavra "Boomerang", percebemos que a analogia era descritiva, atraente e fácil de memorizar. Além disso, o nome afastava o receio que o usuário poderia ter quanto à tecnologia do produto e o tornava divertido, criando uma metáfora para o seu uso e a facilidade que oferecia.

Com o nome definido, sentimos a pressão do axioma "Nada acontece até fecharmos uma venda" no ar: precisávamos vender, atrair clientes, gerar receita, desenvolver uma base de usuários e criar um impulso para movimentar rapidamente a engrenagem.

Para garantir que atrairíamos a atenção num mercado saturado de mensagens de marketing, além de palavras, criamos bumerangues vermelhos de verdade com o domínio www.redboomerang.com impresso em cada um.

Enviamos os bumerangues vermelhos para as pessoas certas nas empresas com potencial de compra, criamos um apelo imediato e abrimos as portas para os compradores iniciais. A princípio, tentamos conquistar formadores de opinião que levariam a compras em alto volume, como Chief Technology Officers (CTOs) em faculdades e universidades, que dariam o redBoomerang aos alunos. O envio de bumerangues de verdade serviu como um chamariz. Por exemplo, um gerente sênior da Rutgers University tornou-se um dos primeiros a adotar o produto após ganhar o brinquedo.

Como as caixas postais tradicionais e virtuais ficam lotadas de cartões-postais, folhetos e catálogos, reconhecemos que um bumerangue com nada além de um endereço da Internet provocaria o interesse dos clientes potenciais e abriria a porta nessa fase crítica do processo de conquista.

Queríamos uma cobertura aérea também. Embora os bumerangues estivessem nas mãos de nosso mercado principal, pretendíamos expandir sua distribuição para lojas de mídia, a fim de reforçar suas características importantes e exclusivas.

A iniciativa de vendas do produto nas lojas de mídia refletiu a abordagem tranqüila e bem elaborada para conquistar os primeiros usuários.

Hipopótamo ensandecido invade campo de pesquisas e pisoteia todo o equipamento

Esse foi o caso na manhã de ontem nas planícies de Serengeti, quando um hipopótamo descontrolado atacou um campo de pesquisas da Silver Line. A Silver Line, Inc. foi instalada na região, onde realizava testes e pesquisas sobre um novo possível fármaco encontrado em uma das plantas locais. O hipopótamo fez um estrago por causa de um pé de alface que não estava devidamente armazenado no refrigerador. No caminho até a salada-safari, o animal pisoteou equipamentos no montante de milhares de dólares, fazendo com que a Silver Line perdesse seus preciosos documentos.

Felizmente, o agressivo hipopótamo não feriu ninguém. Jack Pillar foi a testemunha mais próxima.

"Foi espantoso. Ele simplesmente invadiu o campo e ninguém conseguiu detê-lo. Em segundos, esmagou centenas de libras de equipamento. Foi uma incrível demonstração da força desses animais. Teremos de gastar um bom dinheiro para repor isso tudo, mas ninguém pode deter a Mãe Natureza."

Quando perguntamos à empresa sobre os arquivos perdidos, eles disseram: "Estamos extremamente preocupados com isso. Mas não perdemos os dados completamente. Usamos o redBoomerang para fazer backup de todos os arquivos. Então, numa situação como essa, podemos recuperá-los instantaneamente."

Depois que pegou a alface, o hipopótamo faminto foi embora e nunca mais o vimos. E quem disse que não se pode almoçar de graça?

A Silver Line providenciou a substituição dos equipamentos danificados para que as pesquisas pudessem continuar. Os funcionários da empresa prometeram que, de agora em diante, tomarão cuidados redobrados para não deixar lanchinhos espalhados no campo de pesquisas. Pillar também afirmou que ficou particularmente feliz por se tratar de um animal herbívoro.

O roteiro de mídia terminava levando o leitor do quadro conceitual a uma descrição detalhada do produto disponível no site em www.redboomerang.com. Isso criou uma firme aliança entre o simpático chamariz da marca e uma demonstração pragmática da proposta de valor do produto.

Fortalecimento

O *fortalecimento* é o processo de enriquecimento e expansão do relacionamento com o cliente. Isso não acontece por acaso. A química ocorre somente quando as empresas, de pequeno ou grande porte, reconhecem que devem elevar, de modo coerente, os padrões de seus produtos e/ou serviços. Sem essa busca por qualidade, variedade, novidades e inovação cada vez maiores, sua unidade de negócios ficará vulnerável ao enfado do cliente. O amor que os trouxe a você inicialmente se esgotará e eles irão para novas paragens.

Pense em quantas vezes você também "perdeu o encanto". O hotel, o restaurante, a loja de roupas, a academia de ginástica que um dia você adorou – e que considerou sua preferência como líquida e certa, deixando de fortalecer o relacionamento entre vocês – hoje são seus antigos locais favoritos. Por outro lado, os gestores que se concentram em fortalecer o relacionamento com os clientes trazem lealdade para a unidade de negócios sob sua gestão, e aumentam a receita por cliente, por meio do cultivo da longevidade, das vendas cruzadas e do aumento das vendas brutas.

O fortalecimento do relacionamento com os clientes esclarece um princípio-chave da equação C + F + M = CP: gestores bem-sucedidos compreendem que a empresa deve ser alicerçada não apenas em transações, mas também, e mais importante ainda, na continuidade delas. Ao comandar sua unidade de negócios, esqueça a idéia de que o objetivo é conquistar o cliente, comemorar e sair em busca do próximo.

É surpreendente que, por ser tão limitante e destrutiva, essa seja uma tática tão comum.

Mas a comemoração não pode terminar nunca. Afinal, é o relacionamento que deve ser celebrado, não a simples conquista.

A rede Fairmont Hotels é imbatível em fortalecer o relacionamento com os clientes. Durante anos, rejeitei o Fairmont em favor do que eu achava opções de melhor qualidade: Ritz-Carlton e Four Seasons. Mudei de opinião quando um cliente fez uma reserva para mim no Fairmont Waterfront em Vancouver, British

Columbia, Canadá. Desde o momento em que entrei no hotel, numa noite fria e triste de dezembro, senti o ambiente acolhedor baseado na extraordinária atenção aos detalhes. Os funcionários do Fairmont criam uma experiência excepcional para o cliente, superando minhas expectativas a cada vez que me hospedo lá.

Lembro-me da jovem radiante na recepção quando cheguei na primeira noite.

RECEPCIONISTA DO HOTEL: Parece que teve um dia cansativo, Sr. Stevens. Passei sua reserva para uma suíte com vista especial para o porto, assim o senhor terá uma vista adorável pela manhã.

MS: Que ótimo. Obrigado.

RECEPCIONISTA DO HOTEL: É mais do que um prazer, Sr. Stevens. Posso mandar servir uma xícara de chá para o senhor agora? É um jeito maravilhoso de afastar este frio intenso.

Essa primeira noite foi mais do que uma estada em um hotel. Foi o começo de um caso de amor que mantenho com o Fairmont há mais de dois anos. Ainda acredito que o Ritz e o Four Seasons são mais luxuosos e bem recomendados. Mas o Fairmont conquistou minha razão e emoção, e acabei me rendendo.

O Fairmont é uma lição na arte e na ciência de fortalecer o relacionamento com o cliente. Eles transformaram o que poderia ser uma noite comum em um romance, com base numa estratégia cuidadosamente elaborada para tirar proveito de cada visita bem-sucedida, e alcançam um efeito crescente que envolve o cliente em um casulo de prazer, empolgação, descoberta, luxo e intimidade.

O segredo para fortalecer o relacionamento com o cliente é um foco contínuo no aprimoramento da experiência dele com sua unidade de negócios:

Depois de me tornar devoto do Fairmont Waterfront (coisa que demonstro com minhas repetidas visitas), passei a receber correspondências em minha casa e e-mails no escritório, indicando outras instalações do Fairmont nos centros comerciais mais famosos. Recebo e-mails muito interessantes, apresentando filiais em praias exóticas, e folhetos primorosamente confeccionados com fotos de encantadoras estâncias de esqui. Quero isso tudo!

À medida que comecei a pesquisar o mapa do Fairmont, fui apresentado a outras filiais da rede. Minha esposa e eu passamos um fim de semana glorioso no Plaza Hotel, de Nova York, e uma quinzena adorável no fim da primavera no Fairmont Princess, nas Bermudas. Como o relacionamento "Stevens e Fairmont" cresceu, fui convidado a ingressar no Fairmont President's Club. O convite trouxe uma ampla variedade de privilégios e ofertas, desde *check-in* VIP até hospedagem em suítes especiais. À medida que o romance se intensifica – como comprovam minhas crescentes visitas ao Fairmont no mundo todo –, minha classificação no President's Club sobe automaticamente, proporcionando-me prêmios ainda melhores, sem que eu jamais tenha de pedir por isso. Os bônus acumulados resultaram em férias gratuitas num resort da rede.

Uma expressão maravilhosa de gratidão, sem dúvida, porém a mais genuína forma de fortalecimento, que melhora o que já é bom. A administração do Fairmont orquestrou essa transformação crítica de uma estada de uma noite em um romance duradouro por meio de seu atendimento extraordinário. Da dedicação à perfeição e ao compromisso em treinar cada integrante do staff do hotel – do porteiro às camareiras.

E, por fim, ao *pièce de résistance*.

Ao fazer o *check-out* do Waterfront cerca de um ano após minha primeira visita, um colega que viajara comigo conversou com o gerente da recepção.

COLEGA:	Como vocês fazem para que todos os funcionários deste hotel pareçam conhecer o Sr. Stevens?
GERENTE DA RECEPÇÃO:	Sempre que um sócio *platinum* do President's Club nos visita, fazemos um círculo em sua foto para a equipe antes de sua chegada.
COLEGA:	Onde vocês conseguem a foto?
GERENTE DA RECEPÇÃO:	Fazemos uma pesquisa pelo Google e pegamos a foto na Internet. Se isso não funcionar, pedimos para algum assistente do hóspede nos enviar um retrato.

Um exemplo perfeito de como gestores eficazes produzem resultados excepcionais sem fazer alarde. E o exemplo do Fairmont revela como uma gestão excepcional vai do escritório do alto escalão (de onde é gerada) para o mercado (onde é consumida e apreciada).

Manutenção

A *manutenção* significa fazer o máximo possível para manter os clientes leais para sempre. Isso envolve todas as ferramentas e iniciativas incluídas nas seções "Conquista" e "Fortalecimento", além de um programa que recupere clientes perdidos e um plano de ação que vise "vedar brechas" por meio do reforço positivo da experiência do cliente. Quando os gestores lutam por esse objetivo, a reação automática é eles se voltarem para um programa de lealdade padrão, baseado em pontos. Mas não é recomendável usar esse recurso de imediato. A lealdade do cliente tem menos a ver com pontos e mais com um estado de espírito. Ela se reflete na convicção pessoal: *quero consumir os produtos e/ou serviços associados a esta marca.*

As recompensas reforçam a decisão de lealdade e o estado de espírito, mas não são as molas propulsoras. São a cereja do bolo.

Quando você se envolver com o componente Manutenção da equação C + F + M = CP, reconheça que as iniciativas mais eficazes para promover a lealdade começam com uma avaliação da proposição de valor/promessa de marca da empresa e da base de clientes e daí por diante. As organizações que se superam na manutenção dos clientes (como Hertz, Starbucks e Harrah's) seguem esse processo orgânico de lançar mão dos valores que levam o consumidor à empresa em primeiro lugar. Sem dúvida, os clientes da Hertz ganham pontos cada vez que alugam um carro, mas voltam sempre porque sabem que podem contar com um atendimento rápido, veículos limpos, sistemas de computador de bordo e freqüentes serviços de *shuttle* da Hertz quando se trata de organizar algo tão passível de contratempos quanto uma viagem de negócios.

Empresas excelentes no componente Manutenção da equação C + F + M encantam seus clientes. Sabem que existe uma diferença entre *lealdade* e *cativeiro (quando a organização tentar manter o cliente preso, com medo de perder pontos)*, e que os aparentes programas de fidelidade são, de fato, programas de cativeiro disfarçados. Desse modo, evitam o cativeiro em favor da lealdade pautada pelo acolhimento, em vez de manter os clientes reféns de recompensas e bônus.

É curioso que os especialistas em manutenção de clientes não ostentem o cargo de diretor de programas de lealdade. Essa distinção pertence aos gerentes que iniciaram e/ou prosperaram unidades de negócios cientes de que o sucesso só seria possível se os clientes permanecessem fiéis à empresa e, por sua vez, impulsionassem o crescimento por meio de sua preferência regular e crescente.

Sam Walton era um *expert* em lealdade? O insular mundo dos especialistas em lealdade diria que não, mas os clientes de Walton são exemplos vivos de fidelidade. Walt Disney era um *expert* em lealdade? Mais uma vez, os gurus diriam que não, mas, geração após geração, as famílias permanecem consumindo o mundo Disney. O mesmo se aplica a Michael Dell, Ray Kroc e Howard Schultz, presidente do Conselho da Starbucks, bem como a incontáveis profissionais menos famosos cuja habilidade fantástica de conquistar a lealdade é perceptível na perspicácia com que conduzem seus negócios. O fato é que a lealdade excepcional é gerada por profissionais cônscios de que a base desse compromisso do cliente deve ser um produto ou um serviço superior, ou a fusão de ambos. Uma vez que o modelo empresarial vencedor seja estabelecido e executado (pontos, descontos, ofertas, recompensas), é possível aplicá-lo à base.

Quando você focar em fazer com que os clientes se apaixonem por sua empresa, tente responder às seguintes perguntas:

- Quem somos como empresa?
- O que oferecemos de excepcional aos clientes?
- Qual é a nossa promessa de marca?
- Como podemos alcançar esse desempenho quase perfeito?
- Como podemos evoluir de modo a continuar encantando nossos clientes?

EM INÚMERAS EMPRESAS, os clientes que param de comprar são tratados como nomes excluídos do banco de dados. Mas... espere um pouco... eles não são apenas nomes em um banco de dados. São homens, mulheres, crianças, solteiros, casados, homossexuais, heterossexuais, idosos, pessoas de meia-idade, perdulários ou parcimoniosos que, por algum motivo, *deixaram de ser fiéis à empresa*.

Essa é a tradicional e cômoda visão do "não temos culpa". Na verdade, a *empresa deixou de manter os clientes fiéis*. Deixou de recompensar, estimular, intrigar, satisfazer e fazer com que esses clientes se sentissem especiais.

O exato ponto em que ocorre a falha costuma ser desconhecido, pois a perda de clientes é encarada como um fato da vida, como os altos e baixos dos relacionamentos comerciais. Os gestores dizem a si mesmos frases reconfortantes que não passam de inverdades:

- As pessoas simplesmente querem experimentar coisas novas.
- Os clientes não resistem aos preços baixos da concorrência.
- As pessoas são inconstantes e nunca se mantêm fiéis a empresa alguma.

Balela. A verdade é que:

- A maioria dos gestores não sabe ao certo por que perdem clientes.
- Que vergonha! Eles nem tentam descobrir as razões e reconquistá-los.

Recentemente, depois de uma caminhada em uma reserva florestal perto de casa, passei na loja de conveniência que tem sido minha parada favorita após horas de caminhada no parque. Como tinha de abastecer minha perua SUV antes, aproximei-me da loja pelo lado oposto ao que costumo entrar e percebi, pela primeira vez, uma loja quase idêntica, igualmente indefinível, a uma quadra de distância. A única diferença entre ambas era que minha descoberta tinha cartazes de promoções fixados nas janelas:

*Sopa * Salada * Bebida = US$6*
*Ovos * Rosquinhas * Café = US$3,50*

Os preços eram bem mais baixos que os da loja de minha preferência há anos, mas não o suficiente para fazer com que eu mudasse de idéia. Não ainda.

Mas, naquele dia, pela primeira vez em anos, perguntei a Sebastian, o proprietário, se eu poderia usar o toalete masculino.

"Não! Somente os funcionários podem usá-lo."

OK, veja como encarei esse "não" do ponto de vista de um cliente (louco da vida!). O dono da loja:

- Não deixou um cliente fiel há anos usar o banheiro.
- Não se importou em explicar o motivo nem em pedir desculpas.
- Não fazia idéia do meu nome, embora tivesse me atendido centenas de vezes.

E foi então que os preços mais altos de *minha* loja de conveniência, os quais eu não me importava em pagar, tornaram-se um problema – não porque a sopa de ervilhas, o sanduíche de peru e a Coca-Cola diet me custavam US$11,30, nem porque eu estava pagando quase o dobro do preço que pagaria no concorrente. Mas porque eu fora tratado com desdém pelo *privilégio* que estava dando a eles ao aceitar essas condições! Era cliente deles. Fui conquistado. Mas eles fortaleceram nosso relacionamento? Mantiveram-me encantado com seus produtos e serviços? *Que se danem!*

Acho que você pode adivinhar o próximo capítulo desta história:

- Passei a freqüentar o concorrente da outra esquina.
- Os preços anunciados estavam corretos, e a comida era tão boa quanto a da outra loja.
- Um banheiro impecável estava sempre à disposição.

Em minha primeira visita, uma senhora simpática perguntou meu nome e acrescentou:
– Aquele lindo Golden Retriever ao lado do carro é seu?
– Sim, é meu cachorro, Blue.
– Ele é lindo! – disse ela, em estado de graça.

Essa história de duas lojas está centrada em pequenas empresas, mas nem de longe é um caso insignificante. A mesma situação acontece diariamente em empresas do porte da Kmart, Gateway e Seattle's Best Coffee, quando alguns de seus clientes passam a freqüentar o Wal-Mart, a Dell e a Starbucks. Dizem que eles abandonaram seus fornecedores. Mas abandonei uma loja de conveniência favorita ou foi ela que me abandonou?

Sem dúvida, fui abandonado. Mas quase todos os gestores não querem admitir que largam seus clientes. Como não vivem de acordo com a *equação universal* e a força avassaladora do C + F + M = CP, é muito mais fácil creditar as perdas de clientes às "forças da natureza" e ignorar o fato como algo inevitável.

O problema (na verdade, a *oportunidade* para você) é a existência dos pontos cegos. Os gestores costumam ver o cliente como um número, não reconhecem quando ele parte e não fazem nada para reconquistá-lo.

Cerca de um ano atrás, minha esposa e eu compramos acessórios para casa de uma empresa de vendas por catálogo, chamada Ballard Designs. Quando a mercadoria chegou (nossa primeira e única compra da Ballard), ficamos decepcionados com a qualidade geral e com o estado de um dos itens que recebemos. Ligamos para o serviço de atendimento ao cliente, que tratou do assunto com polidez, providenciou a devolução da mercadoria e efetuou o reembolso em nosso cartão de crédito.

Essa é exatamente a maneira típica de resolver um problema como esse, mas o gestor que age assim deixa passar algo essencial. A Ballard foi eficiente no processo de devolução, mas lamentável na manutenção do cliente que lhe custou tanto trabalho e investimento (com malas-diretas, por exemplo) para conquistar. A vida é tão curta e, ainda assim, ninguém parece ter a sensibilidade, a energia, a ambição e a determinação de nos manter como clientes. O que vem fácil vai fácil. Na verdade, a situação foi ainda pior, pois não foi nada fácil, muito menos barato, conquistar-nos.

Para encurtar a história, minha esposa e eu nunca mais compramos da Ballard. Entretanto, numa prática perdulária (em termos de custos), a empresa continua a operar num ilógico e estúpido modo de piloto automático que não deixa de nos convidar a fazer pedidos com a Ballard novamente (acho que eles não sabem como nos sentimos). Ninguém perguntou por que nunca mais os procuramos (nem assumiu a dura realidade de que *eles nos abandonaram*), tampouco tentou nos convencer a lhes dar uma segunda chance. Em vez disso, a empresa continua a enviar pilhas de catálogos para a nossa casa (devem adorar jogar milhares de dólares pela janela).

Se você acha que esse é um caso incomum, saiba que está enganado. É assim que a maioria das empresas é dirigida. A Storage USA (SUSA), divisão de armazenamento da GE que foi vendida em 2005, atendia a centenas de milhares de clientes por ano. Por um lado, era uma empresa maravilhosa (você construía os centros de armazenamento e os clientes alugavam), mas tinha a mácula da constante vida curta de seus relacionamentos com os clientes. Não apenas porque o serviço era ruim, mas também porque a necessidade imediata que levava os clientes a procurá-los era passageira. Ou pelo menos era o que pensava a empresa, pois não consideraram a importância da equação C + F + M... nem a seguiram à risca.

Vejamos o que acontecia nos bastidores.

- O mercado de armazenamento é guiado por pessoas que se mudam, se divorciam, que perdem algum ente querido e precisam de um lugar para guardar os móveis até ajeitarem a vida.

- Geralmente, o inquilino permanece por três meses. A maioria das empresas do setor de depósitos de móveis oferece o primeiro mês gratuitamente, como um incentivo promocional.

- Portanto, milhares de centros de armazenamento (o setor está saturado) competem por inquilinos que paguem dois meses. Três meses depois de ocuparem o depósito, com os primeiros trinta dias de aluguel gratuitos, os clientes estão prontos para partir. Mal chegam e já vão embora.

Quase sempre, essa é a desvantagem intrínseca do negócio. Mas será mesmo?

A aparente necessidade de curto prazo do inquilino não é o verdadeiro problema. A questão é que os gestores de várias empresas de armazenamento se negam a desafiar e vencer os problemas subjacentes do dinâmico mercado de guarda-móveis. O fato de que há anos os negócios são pautados por motivos de força maior (divórcio, mudança, morte), que levam à necessidade de um local provisório para armazenar móveis e utensílios, não significa que gestores guerreiros devam aceitar tais fatores como os principais propulsores do setor. O mercado de guarda-móveis pode ter uma série de usos de longo prazo para milhões de pessoas que queiram armazenar objetos colecionáveis, abrir mais espaço em casa (ou em armários e garagens) ou guardar material de escritório.

Mas o setor nunca abriu os olhos para as possibilidades de armazenamento. Nunca tomou a iniciativa de transformar o efêmero cliente de dois meses em um inquilino de longo prazo. Nunca desafiou a idéia de que o setor de depósitos tem de ser um negócio movido por contratos de apenas três meses.

Foi por isso que a administração da SUSA (há muitos anos, quando a empresa ainda era uma divisão da GE) decidiu que chegara a hora de declarar uma guerra construtiva no setor. Pouco a pouco, a SUSA (preparada, em parte, pela MSCO) passou a enxergar além dos motivos de força maior, com o intuito de oferecer às pessoas outros motivos para alugarem um depósito por anos e até décadas.

Entramos na fase de manutenção da fórmula C + F + M, tapando os buracos do barco naufragante. Imediatamente, começamos a observar a mudança do cliente como mais do que um simples rito de passagem que levaria à saída rápida e inevitável. Não mais. A partir de então, passamos a fazer o possível para bloquear a saída, oferecendo serviços, promoções, valor agregado e conquistando o compromisso do cliente.

Começamos a ver o setor de armazenamento com outros olhos.

- ***Visão tradicional.*** A mudança é agendada. Certifique-se de que o boxe esteja limpo e disponível, e que um atendente estará no local para monitorar o processo.

- ***Visão após a declaração da guerra.*** Temos um novo cliente, pretendemos mantê-lo e oferecer-lhe mais espaço. Queremos construir um relacionamento duradouro que cresça pela locação de espaço adicional e de indicações de amigos e colegas de trabalho.

A estratégia de manutenção da SUSA foi executada por meio de um plano de marketing integrado que envolveu os componentes principais de identificação de usos criativos de armazenamento, desenvolvimento de ofertas arrasadoras e construção de relacionamentos com os clientes.

- *Usos criativos.* A estratégia de relações públicas da SUSA começou reconhecendo que o armazenamento pode ser um "depósito seguro para guardar tudo o que tem valor para você". Em busca de uma mudança na percepção do público, promovemos modos alternativos de guardar objetos pessoais e utensílios de escritórios, e de manter lares e empresas livres da desordem.

- *Ofertas arrasadoras.* As velhas "vendas de garagem" não resolvem mais o problema. Dez por cento de desconto? Os preços foram *cortados* em 20%? Ninguém acha isso irresistível. Por quê? Porque todo mundo faz a mesma coisa. E os clientes conhecem as pegadinhas escondidas nas letras miúdas:

DESCONTOS DE ATÉ 25%[*][†]
[*]Somente em mercadorias especiais
[†]Não valem para períodos de férias

Ofertas arrasadoras mandam tudo isso para o espaço. Devem ser acordos realmente irresistíveis. Para o nosso cliente guarda-móveis, desenvolvemos uma oferta que nenhum usuário poderia ignorar: **seis meses gratuitos.** Seis meses gratuitos? Isso não é trabalhar de graça? Não!

A SUSA chamou a iniciativa de oferta de abdicação: "Traga um contrato firmado com um concorrente, desista dele para ficar conosco e daremos a você seis meses de aluguel gratuito em uma locação de um ano."

Como a SUSA limitou a oferta a instalações problemáticas, que ficariam vazias sem uma oferta arrasadora, o impacto na administração do faturamento seria positivo. A empresa não estava canibalizando os resultados; estava apenas maximizando o potencial de receita.

Desenvolvimento de relacionamentos

O desenvolvimento eficaz de relacionamentos significa que você não ficará sentado esperando o cliente sumir de seu banco de dados para depois contabilizar a perda como uma questão estatística. Ao alicerçar o crescimento na equação C + F + M, a empresa reconhece que precisa lutar para conquistar os clientes e empenhar-se na mesma medida para manter esse relacionamento conquistado a duras penas. Além disso, ela entende que é um desperdício gastar uma fortuna em marketing para atrair clientes, apenas para deixá-los sair sem ao menos tentar mantê-los na carteira da empresa. Sem manter a paixão. Sem alimentar o relacionamento. Você agiria assim com alguém que realmente amasse? É claro que não! Por quê? Porque essa atitude magoaria demais essa pessoa. Você deve começar a pensar nos clientes como amantes. Sinta o romance. Antecipe a dor. Não o deixe ir embora!

Por que os gestores de empresas líderes (e também em pequenas organizações comandadas por seus proprietários) simplesmente deixam o cliente ir embora? Impunemente. Sem discussão. Sem um buquê de flores real ou metafórico para reconquistá-los. Zero. *Nada*. Nem ao menos um telefonema mais ou menos assim:

- Por que você nos deixou? Ofendemos ou decepcionamos você de alguma forma?

- Sentimos sua falta, você é importante para nós e queremos mantê-lo como cliente.

- Para demonstrar nosso compromisso com você, enviaremos uma caixa de chocolates como símbolo de nossa doce amizade.

- Há alguma outra coisa que podemos fazer para ter o prazer de servi-lo novamente? Qualquer coisa?

Em 99% das empresas, essa dança nunca acontece porque os clientes são tratados como estatísticas, e ninguém namora uma planilha. E aí residem o problema e a oportunidade. Mesmo as pessoas de empresas treinadas em gerenciamento do relacionamento com o cliente e em programas de lealdade concentram-se em métricas. Na verdade, elas geralmente são as maiores responsáveis. Enquanto elas digitam dados, você – um gestor guerreiro – consegue personalizá-los.

Para entender melhor, imagine que um conhecido seu (alguém de quem você tem notícia a cada dois meses) de repente some. Desaparece da tela do radar, e vai para algum lugar onde não pode ser encontrado. Você:

- Tentaria ligar para essa pessoa a fim de descobrir o que aconteceu e por quê?
- Enviaria um e-mail?
- Pediria notícias do "desaparecido" a um amigo?

Você tomaria todas as atitudes citadas anteriormente. É claro que sim. Mas por que os gestores não fazem o mesmo (ou algo parecido) quando os clientes desaparecem? Quando eles param de comprar e fogem para a concorrência?

Minha experiência revela que isso ocorre porque esses profissionais:

- Não se importam com a perda de alguns clientes nem de algumas centenas ou milhares deles. (Sua perigosa mentalidade diz que *o mar está repleto de peixes.*)
- Não conhecem os clientes que partiram.
- Acreditam que a perda de clientes é inevitável.
- Não estão dispostos a implorar que os clientes voltem.
- Estão *ocupados demais* para fazer alguma coisa em relação à perda de seu bem mais valioso.

Cada uma dessas razões demonstra, com a sutileza de uma sirene, que a maioria dos líderes realmente vive de acordo com a seguinte diretriz (embora não saibam ou não admitam isso):

CONQUISTE O CLIENTE E, ENTÃO, O QUE TIVER DE SER SERÁ.

Se você pensa que a intensidade com que uma organização se esforça para manter cada cliente ou consumidor deve refletir, de algum modo, o tamanho da empresa, não só está enganado, como também está planejando inadvertidamente o fim de sua empresa. O fundador da Revlon, Charles Revson, costumava se revezar na plataforma de atendimento ao cliente, perguntando às mulheres o que gostavam e reprovavam em relação aos produtos Revlon. Cada reclamação era tratada como se fosse um protesto de um milhão de consumidoras insatisfeitas invadindo a sede do império da beleza em Nova York. Revson sabia que havia maneiras de monitorar o grau de satisfação e lealdade do cliente, a despeito do número de nomes no banco de dados. Tão importante quanto isso, ele também sabia que, quando o líder se acomoda com o fato de a empresa não depender de um único cliente, começa a descer a montanha olímpica da arrogância, da má qualidade e da complacência. Bem, os concorrentes famintos adoram isso.

A jornada interior

8

Alguns anos atrás, entrevistei quase cinqüenta homens e mulheres, todos graduados pelo famoso Advanced Management Program de Harvard, um treinamento intelectual intensivo de 12 semanas para altos executivos. Todos os meus entrevistados eram gestores experientes, com vários anos no comando de departamentos ou à frente do próprio negócio. Todos haviam desenvolvido métodos de gestão precisos e cuidadosamente lapidados, além de sistemas de crenças que validavam seus métodos como "o único modo de trabalhar direito".

Quase todos passaram por uma transformação drástica ao voltarem do treinamento intensivo para a velha rotina do mundo dos negócios. Em algum ponto do curso de Harvard, eles se deram conta de que haviam se tornado prisioneiros de sua tão apreciada rotina e, por esse motivo, não mais eram mestres de seus destinos. Na verdade, eram escravos do hábito, da ordem, da obediência cega ao que "é", e não ao que "pode ser".

Quando enxergaram seu mundo pelo prisma de uma experiência empolgante e esclarecedora, abriram-se a um novo universo de opções. E se mexeram. Alguns repensaram o casamento e se divorciaram. Outros se defrontaram com a percepção de que seu estilo gerencial era o maior impedimento do sucesso de suas unidades de negócios. Outros, ainda, descartaram seus lentos programas de carreira e buscaram vias aceleradas para alcançar os próximos níveis gerenciais e de responsabilidade.

Todos eram integrantes prudentes e conservadores da elite corporativa. Não havia nenhum visionário maluco no grupo. Mas cada um abandonou suas crenças tão bem racionalizadas e arraigadas, e efetuou mudanças fundamentais em suas atitudes.

Deram uma guinada de 180 graus. Algo poderoso reformulou suas vidas. Agora é sua vez!

Comece fixando o que você aprendeu ao ler este livro – neste verdadeiro tratamento de choque.

Sempre que dou uma palestra, aconselho aos participantes que:

Não voltem ao escritório.

Sei que vocês precisam retornar ao trabalho. Para a avalanche de problemas, pequenos e grandes, que o esperam. Mas, antes de mergulharem no trabalho como sempre, peço-lhes que separem pelo menos um insight que tiveram e analisem como podem aplicá-lo a seu processo de gestão.

Digo o mesmo a você. Depois de ler este livro, sua mente deve estar cheia de novas informações, perspectivas e idéias que o incitam a mudar muitas das práticas que antes você enxergava como componentes quase sagrados de uma gestão coerente. A questão é: Como você deve processar e implementar tudo isso? Repito: "Não voltando ao escritório." Não até ter concluído o seguinte exercício.

- Anote os três temas mais importantes, impressionantes ou intrigantes que vieram à tona durante a leitura deste livro.
- Pense em como você poderá incorporá-los em sua programação gerencial, adotando novas práticas e/ou descartando outras.
- Estabeleça um prazo para você mesmo agir em pelo menos um dos Três Grandes (no máximo duas semanas a partir de agora) e crie um cronograma para agir em todos os três no decorrer de três meses.

Mais importante, reconheça que você está se envolvendo num processo que pode ser totalmente inédito em sua vida: declarar guerra contra si mesmo. E à sua unidade de negócios. Uma guerra construtiva, é claro, mas guerra é guerra. E esse pode ser um conceito duro de aceitar quando você passa do tratamento de choque para os obstáculos que enfrentará ao longo da solidificação de uma carreira bem-sucedida.

Ao desafiar o *senso comum*, saiba que esse é um adversário teimoso. Você terá de contrastá-lo com a luz, enxergá-lo como ele realmente é e – fortalecido com o conhecimento que acabou de adquirir – ter convicção e coragem para reverter os principais pilares de seu sistema de crenças.

Pense nesse período pós-leitura como uma jornada de descoberta autocentrada. Em toda a sua vida, você se voltou para si mesmo em busca de conhecimento: procurou escolas, mentores, cursos e pesquisou na Internet. Dê uma olhada em sua agenda – é bem provável que esteja lotada de seminários, convenções e programas de treinamento corporativo. Mas o período de aprendizagem em que você entrou agora é diferente: este é um momento de introspecção, absorção e descoberta do melhor estratagema para identificar e liberar o poder latente e todo o potencial desse processo de evolução.

Dedique um tempo para se envolver nessa experiência reveladora. Garanto que você ficará encantado com as maravilhas que descobrirá. É muito comum ver pessoas marchando pela vida como soldados soviéticos numa rígida cadência militar, com a cabeça voltada para onde apontaram seus pais, professores e miríades de indivíduos que causaram impacto na existência de cada uma delas.

Sim, todos nós precisamos de conselhos e orientações daqueles a quem respeitamos. Mas as pessoas mais perspicazes e bem-sucedidas, vez por outra, fazem uma pausa, uma análise (como Bill Gates em suas Semanas de Reflexão) e decidem que querem transformar-se, aperfeiçoar-se, crescer ou mudar por completo antes de pisar no acelerador novamente. Observe como os soldadinhos por aí jamais exploram as opções que têm à disposição. Os diferentes caminhos que podem tomar. Simplesmente continuam marchando. Podem chegar a seu destino de modo diligente, mas aonde estão indo? Que cegueira total! Você pode e deve ser formidavelmente visionário!

◉ futuro é seu. Aproveite!

Notas

1. Entrevista, 17 de junho de 1994, Las Vegas, Nevada, EUA. Academy of Achievement, www.achievement.org.
2. Entrevista, 12 de fevereiro 1991, Nova York, NY, EUA. Academy of Achievement, www.achievement.org.
3. Ibid.
4. Alice Calaprice, ed. *The Quotable Einstein*. Princeton, NJ: Princeton University Press, 1996. (No Brasil, *Assim Falou Einstein*, Ed. Civilização Brasileira).
5. Entrevista, 23 de maio de 1998, com Jackson Hole, Wyoming. Academy of Achievement, www.achievement.org.
6. Entrevista, 19 de junho de 1991, Washington, DC, EUA. Academy of Achievement, www.achievement.org.
7. Entrevista, 16 de maio de 1991, San Diego, Califórnia, EUA. Academy of Achievement, www.achievement.org.

Índice

A

A&P, 12
Adams, John, 3
Advanced Management Program (Harvard), 188
alavancar uma empresa, 14, 49
   bloqueio e domínio e, 49-52
   ciclos de vida corporativos e, 12
   equação C+F+M e, 166-85
   estratégias para, 8, 10-11, 51–52
   obstáculos contra, 8
   oportunidades revolucionárias e, 49, 50, 51, 52
Amazon.com, 171
Ambição desmedida, 111-16
   componentes da, 112–13
   definição de, 112
ambição, falta de, 111–12, 113–14. *Consulte também* Ambição desmedida
American Airlines, 53, 118
amor pelo produto ou serviço, 14–15
antipático, risco de se tornar, 26, 28, 72-73
Apple, 15
aprendizado, importância do, 5, 6-7, 30, 142
apresentações em PowerPoint, 60, 62
aprimoramento contínuo
   necessidade de, 16
aprovação, necessidade de, 70-74
Aristóteles, 121
Armas secretas, 109–25
   Ambição desmedida e, 111–16
   Ceticismo em série e, 111, 123–25
   Imaginação de desenho animado e, 110, 116–20
   Olhos de combate e, 111, 120–23
Arthur Andersen, 71
Ash, Mary Kay, 48
ataque a Pearl Harbor (1941), 44
atendimento ao cliente, 54–55, 146
auto-aprimoramento, 5-6
auto-embuste, 13
avaliação objetiva, 24–25, 28
avaliando, 190
Axa Financial, 110

B

Ballard Designs, 180-81
BlackBerry, 62
Bloomberg, Michael, 166
bloqueio e domínio, 49–52
bomba atômica, 94, 128

Borders, 58
Branson, Richard, 73
Buffett, Warren, 67
burocracia, 25, 28
Bush, George W., 135-36

C

cenário de *sair do mercado lentamente*, 13, 50-51
Ceticismo em série, 111, 123–25
Cheeseborough-Pond's, 120
chegar ao consenso, 44–49
ciclos de vida corporativos, 12
Citigroup, 138
clientes
    apaixonando-se pelo produto ou serviço, 14–15, 174
    conquista de, 169-74
    desenvolvendo relacionamentos com, 183-85
    experiência de 360 graus para, 146-48
    foco nos, 166
    fortalecimento do relacionamento com os, 174-77
    lealdade dos, 177-81
    manutenção dos, 177-83
    reclamações dos, 16
    regra dos 80/20 e, 163-64
cliente, atendimento ao, 54–55, 146
Clifford, Clark, 122–23
Columbia University Business School, 115-16
complacência, 3, 6, 10, 11, 13, 60
compromisso, 116
    com objetivos ambiciosos, 112–13
comunicações corporativas, 78
concorrentes, visão agressiva dos, 121–23
confiança, ceticismo *versus*, 124
conhecimento
    Consulte também aprendizado, importância do

fontes de, 190
imaginação *versus*, 117
Connor (CEO), 154, 156
Connors, Jimmy, 5
conquistando clientes, 169-74
Consultores financeiros da American Express, 40–41
consultores, objetivos conflitantes e, 125
coragem, 116
credibilidade, 138
cuidadores, líderes *versus*, 35
cultura
    corporativa, 44, 87
    de vendas, 57–60, 162
custo de oportunidade, 142–44
cliente, atendimento ao, 54–55, 146

D

declaração de missão, 8
decodificadores, 79
deixar de agir, 13
Dell Computer, 180
Dell, Michael, 43, 162, 178
Delta Airlines, 53
demitindo funcionários, 83–85
Departamento de Defesa, EUA, 25
desenvolvendo relacionamentos, 183–85
"destemperança", 100
direitos adquiridos, senso de, 8-9
Disney, Walt, 43, 178
duvidar de si, 46, 51

E

Edison Electric Illuminating Company, 115
Einstein, Albert, 117
Eisner, Michael, 48, 113
Els, Ernie, 67
empreendedor, qualidades do, 115
empresa/negócios
    Consulte também alavancar uma empresa; filosofia gerencial; gestores

cultura corporativa e, 44, 87
familiar, 35, 95-97
prosaica Terra dos Negócios, 3
saindo do setor, 12-13, 50-51
empresas familiares, 35, 95–97
empresas padrão-ouro, 52-55
equação C+F+M, 166-86
estratégia de vendas "choque de 180 graus", 60-63
excelência, 4, 52-55
Experiência de 360 graus para o Cliente, 147–48

F

Faculdade de Medicina da Universidade de Nova York, 124
Fairmont Hotels, 174–76
fatos, questionando os, 125
FedEx, 117-18
Feynman, Richard, 68
filosofia. *Consulte* filosofia gerencial
filosofia de "atacar primeiro", 121-22
filosofia gerencial, 13, 20-37
   ausência de, 26
   identificação de, 34–37
   necessidade de, 26–27, 31–34
   para a MSCO Inc., 28–31
   pontos fracos do gestor, 24–26
Fiorina, Carly, 67
forças-tarefa, 134, 135
Ford, Henry, 48, 61, 115
formação de equipes, 110
fortalecimento, cliente, 174–76
fotografia instantânea, 4
Four Seasons, 54, 174, 175
Franklin, Benjamin, 2–3
Friedland, Dion, 6-7
funcionários
   ausência do "politicamente correto" e, 87-91
   como fonte de novas idéias, 16
   demissão de, 83-85
   estratégia de crescimento e, 9, 10–11
   passividade dos, 29
   regra dos 80/20 e, 163-64
   senso de direitos adquiridos dos, 8-9
   táticas terroristas por, 86-87
   zonas de conforto e, 8, 11, 134, 153

G

Gates, Bill
   análise de, 190
   compromisso com o auto-aprimoramento de, 5-6
   credibilidade de, 138
   liderança e, 67, 68, 69
Gateway, 180
GE (General Electric), 12, 182
General Motors (GM), 26, 48
Gerstner, Lou, 129-30
gestores
   análise de riscos por, 148-51
   Armas Secretas e, 109-25
   características de bem-sucedidos, 4-5
   credibilidade dos, 138
   cuidadores *versus* líderes como, 35
   demissão de funcionários por, 83-85
   habilidades como uma faca de dois gumes, 157-62
   idéias equivocadas que afetam, 49-63
   liderança por, 66-100
   medo e, 30, 79-80
   microgerenciamento por, 41, 144
   o "politicamente correto" e, 87-91
   poder e, 152-57
   pontos fracos dos, 24-26
   prioridades de trabalho dos, 144-46
   regra dos 80/20 e, 163-64
   são dispensáveis, 83, 158
   simplificação de problemas por, 12-13
Goldberg, Ken, 170-71
Goldman Sachs, 112

Google, 15, 138, 171
guerra construtiva, 13–16, 81, 108
　necessidade de, 4, 189
　pessoas bem-sucedidas e, 5, 6-8, 100
　sinais do Código Vermelho para, 14-16
Guerra do Iraque, 135–36

H
Harrah's, 177
Hartford Life Insurance, 157
Harvard Business School, 12
Hertz, 177
hotéis Ritz-Carlton, 54–55, 174, 175
Howard Johnson's, 45
Hughes, Howard, 73

I
Iacocca, Lee, 48
IBM, 43, 48
　filosofia gerencial por trás, 27–28
　Oferta Arrasadora e, 56–57
　virada da, 128–31
Icahn, Carl, 73-74, 120–21, 150
idéias
　captura de, 142–64
　funcionários como fontes de, 16
identificação
imaginação
　conhecimento *versus*, 117–18
Imaginação de Desenho Animado, 111, 117
Immelt, Jeff, 13
inimigo, concorrentes como o, 121-23
inovação, 3, 5, 79
iPod, 171

J
Jefferson, Thomas, 3
JetBlue, 53
Jobs, Steve, 48, 67
Jones, Jerry, 94
Jordan, Michael, 67

K
Kelleher, Herb, 73-74
Kennedy, John F., 123
Kmart, 180
Kravis, Henry, 115–16
Kroc, Ray, 178/

L
Land, Edwin, 3-4
Lauder, Estée, 48
lealdade, cliente, 177-80
Lehman Brothers, 97-98
Levitt, Bill, 35-37
Levittown, Nova York, 36
líderes, 104–57
　aprendizado contínuo dos, 6
　avaliação de pontos fortes/fracos de, 69-71
　cuidadores *versus*, 35
　desenvolvimento de habilidades dos, 66-70
　em empresas familiares, 35, 95-97
　imaginação como qualidade de, 120
　medo de gerenciar e, 79-86
　necessidade de aprovação e, 71-74
　plano diretor para gestão e, 97, 99, 168
lojas Dion (África do Sul), 6
Lucas, George, 118–19

M
MacArthur, Douglas, 94
mantendo clientes, 177-83
Maquiavel, 121
Marshall Field's, 120
MassMutual, 48
mediocridade, 113, 115, 164
medo, 13, 30, 79-80
　confrontação do, 79
　de demitir funcionários, 83-85
　declarando guerra contra, 85-87
　formas de, 79-82
　ração baseada no, 85

métodos prescritos, 125
Metropolitan Life, 27, 48, 157
Microcomputer Consulting Group (MCG), 170-74
microgerenciamento, 41, 144
Modelo de Trabalho Invertido, 144–46
Momentos nucleares, 102–08
MONY Group, 110
MSCO Inc., 2, 79, 86-87
    estagnação de carreira na, 113-14
    filosofia gerencial da, 28–31
    guerra construtiva na, 20-21, 22–23
    preocupações com a administração de riscos na, 151
    Success Training 101 na, 119

N

Neeleman, David, 53
Newsday (jornal), 22
Nietzsche, Friedrich, 121
Nike, 44
Northwestern Mutual Life (NML), 25

O

o politicamente correto, 47, 87–91
Ofertas arrasadoras, 56–57, 183
olhos de combate, 111, 120–23
oportunidades. *Consulte* oportunidades revolucionárias
oportunidades revolucionárias, 49, 51, 52
Oppenheimer, Robert, 128

P

padrões de comportamento, 116
paixão, 30
Palmer, Russell, 110
Papai Sabe Tudo (seriado de televisão), 89-90
passividade, 4, 5
    funcionário, 29
    sabedoria convencional e, 40–41

Patton, George S., Jr., 121–22
pensamento criativo, 4, 117
persona gerencial, 25, 28, 68
persistência, 116
plano de ação. *Consulte* Projeto Manhattan
Platão, 121
poder, quando usá-lo, 152-57
Prada, 15
preço, 56, 61
prioridades, gerenciais, 144-46
produção, 61–62
produtos e serviços
    clientes se apaixonando pelos, 14-15, 174
    exclusivo, 15
    idéias equivocadas sobre, 56–57
    lealdade para, 177-81
Projeto Manhattan
    desenvolvimento da bomba atômica, 128, 136
    determinação do ponto de partida para, 133-36
    importância de dar tudo de si em seu, 137-40
    lançamento do, 136-37
    objetivos do, 133-34
    plano de ação, 128–40
Prudential, 13, 48, 157
psicologuês, 88
publicidade, 30

R

redBoomerang (software), 172–74
rede de lojas de desconto, 6
redes de cinema, 50–52
reflexão esclarecida, 45
regra dos 80/20, 163-64
regras, formação das, 25, 28
relacionamentos
    desenvolvimento de, 183–85
    fortalecimento de, 174–76
responsabilidades, 116

Reagan, Ronald, 109, 128, 138
Revlon, 185
Revson, Charles, 185
risco, 52, 78, 148-51
Ritz, César, 54
Roosevelt, Franklin Delano, 44–45, 128, 136
Roosevelt, Teddy, 109
Rubin, Robert, 112
Rumsfeld, Donald, 25

S

sabedoria convencional/senso comum, 12, 42–63, 146, 189
    definições de, 41-42
    chegar ao consenso e, 44–49
    desafios às idéias equivocadas, 49–62
    reflexão esclarecida *versus*, 45
    definições de, 41-42
saindo do mercado, 12-13
Salk, Jonas, 124
Schultz, Howard, 178
Seattle's Best Coffee, 180
Segunda Guerra Mundial, 44–45, 94-95
    Projeto Manhattan e, 128, 136
Semanas de Reflexão, 190
serviços. *Consulte* produtos e serviços
setor de aviação, 53, 73
setor de construção civil, 35–37
setor de contabilidade, 110
setor de estacionamentos, 57–58
setor de guarda-móveis, 147–48, 181–83
setor de hospedagem, 54–55, 174–76
setor de incorporadoras, 100
setor de informática, 27–28
setor de moradia para idosos, 97-100
setor de publicação de revistas, 131–33
setor de seguros de vida, 26, 47, 79, 157–58
setor de varejo, 43
setor hoteleiro, 54–55, 174–76

Simon, Bill, 166
simplificação, 13, 166
sinais do Código Vermelho, 14-16
síndrome do "isto é moleza", 11
sinergia, 24, 169
Sistema 360 (informática), 27–28
Smith Barney, 44
Smith, Fred, 117–18, 119
Southwest Airlines, 53, 73-74
Spencer Stuart, 94
Spielberg, Steven, 112
Starbucks, 15, 177, 180
status quo, sacudindo o, 81-82
Stein Eriksen Lodge (Deer Valley, Utah), 55
Storage USA (SUSA), 13, 181, 182-83
Success Training 101, 119
Success (revista), 131-33
sucesso
    ambição de alto nível e, 111-16
    filosofia gerencial e, 13, 20–37
    imaginação e, 116-20
    pessoal, 111–20

T

táticas terroristas, funcionários, 86-87
Teoria do Campo Unificado (GUT, *Grand Unifying Theory*), 166
Texaco, 21–22, 120
tomada de decisões, 44–49
Touche Ross, 110
Truman, Harry, 94-95
Trump, Donald, 99-100
Trump Organization, 100
Turner, Ted, 113
TWA, 73

U

United Airlines, 53
United Nations (UN), 47, 48

V

vendas, idéias equivocadas sobre, 57–632
vendedores, 144-46, 162–64
vendendo. *Consulte* vendas
verdade
    abordagem cética à, 123, 125
    conselho baseado na, 28-29
    sabedoria convencional *versus*, 42–43
verdades absolutas, 123
visão, 112, 116, 190
"voto de tolo", 152, 156

W

Wal-Mart, 7, 148, 180
Wall Street (filme), 23
Walton, Sam, 7, 43, 178
Watson, Tom, Jr., 27-28
Watson, Tom, Sr., 27
Weill, Sandy, 6, 138
Welch, Jack, 12, 25, 67
Woods, Tiger, 5
Woolworth's, 12, 45-46
workaholics, 114

X

Xerox, 162

Z

Zenith, 12
zonas de conforto, 8, 11, 134, 153

Cadastre-se e receba informações sobre nossos lançamentos, novidades e promoções.

Para obter informações sobre lançamentos e novidades da Campus/Elsevier, dentro dos assuntos do seu interesse, basta cadastrar-se no nosso site. É rápido e fácil. Além do catálogo completo on-line, nosso site possui avançado sistema de buscas para consultas, por autor, título ou assunto. Você vai ter acesso às mais importantes publicações sobre Profissional Negócios, Profissional Tecnologia, Universitários, Educação/Referência e Desenvolvimento Pessoal.

Nosso site conta com módulo de segurança de última geração para suas compras.
Tudo ao seu alcance, 24 horas por dia.
Clique **www.campus.com.br** e fique sempre bem informado.

www.campus.com.br
É rápido e fácil. Cadastre-se agora.

Outras maneiras fáceis de receber informações sobre nossos lançamentos e ficar atualizado.

- ligue grátis: **0800-265340** (2ª a 6ª feira, das 8:00 h às 18:30 h)
- preencha o cupom e envie pelos correios (o selo será pago pela editora)
- ou mande um e-mail para: **info@elsevier.com.br**

Nome: _____
Escolaridade: _____ ☐ Masc ☐ Fem Nasc: __/__/__
Endereço residencial: _____
Bairro: _____ Cidade: _____ Estado: _____
CEP: _____ Tel.: _____ Fax: _____
Empresa: _____
CPF/CNPJ: _____ e-mail: _____
Costuma comprar livros através de: ☐ Livrarias ☐ Feiras e eventos ☐ Mala direta ☐ Internet

Sua área de interesse é:

☐ **UNIVERSITÁRIOS**
☐ Administração
☐ Computação
☐ Economia
☐ Comunicação
☐ Engenharia
☐ Estatística
☐ Física
☐ Turismo
☐ Psicologia

☐ **EDUCAÇÃO/ REFERÊNCIA**
☐ Idiomas
☐ Dicionários
☐ Gramáticas
☐ Soc. e Política
☐ Div. Científica

☐ **PROFISSIONAL**
☐ Tecnologia
☐ Negócios

☐ **DESENVOLVIMENTO PESSOAL**
☐ Educação Familiar
☐ Finanças Pessoais
☐ Qualidade de Vida
☐ Comportamento
☐ Motivação

20299-999 - Rio de Janeiro - RJ

O SELO SERÁ PAGO POR
Elsevier Editora Ltda

CARTÃO RESPOSTA
Não é necessário selar

Cartão Resposta
0501200048-7/2003-DR/RJ
Elsevier Editora Ltda
CORREIOS

Sistema CTcP,
impressão e acabamento
executados no parque gráfico da
Editora Santuário
www.redemptor.com.br - Aparecida-SP